바울
차별과 불평등의 장벽을 넘어서

차례
Contents

03왜 바울인가? 08두 세계 속에서 태어나다 16예수를 따르다 24길을 떠나다 32이방인들에게 구원의 문을 열다 41허물어진 장벽 위에서 숨을 쉬다 49모두 함께 구원을 소망하다 57자유를 실천하다 65사랑을 찾다 73끝없이 낮아지다 81다시 살아나다 89무엇이 바울의 얼굴인가?

왜 바울인가?

신학자: 저는 21세기에 살고 있는 신학자로서, 바울, 당신에 대해서 이야기하려고 합니다. 그러나 21세기 여자 신학자가 1세기 남자 신학자에 대해서 이야기하는 것이 여간 어려운 일이 아닙니다. 제 고충을 아시겠습니까?

바울: 저를 소개하려는 21세기 신학자의 고충을 이해하느냐구요? 조금 오래된 유머이긴 하지만 당근이죠!

신학자: 당근이라! 제 고충을 이해해 주시니 감사합니다. 정말 오래된 유머인데요! 그러나 당신에게는 오래되기는커녕 낯선 유머 아닌가요?

바울: 빙고! 바로 그겁니다. 당신과 저, 21세기의 신학자와 1세기 신학자와의 간극은 바로 그것입니다. 저에게 익숙

한 것이 당신에게는 낯선 것일 수 있고, 당신에게 새로운 것이 저에게는 오래된 것일 수 있으며, 당신에게 쉬운 것이 저에게는 어려운 것이 될 수 있지요. 저와 당신 사이에 있는 시간과 공간, 성(性)과 인종, 사회적 구조와 사상적 체계의 차이를 넘어서, 우리 둘의 접점을 찾아보시죠. 저, 그렇게 어려운 사람 아닙니다.

시대가 변한다는 것은 사실이다. 이전에 경험하지 못했던 것, 상상하지도 못했던 것이 현실이 되는 일이 허다하다. 금기시되었던 것들이 지당한 일로 받아들여지며, 비정상이 어느새 정상으로 변하기도 한다. 이러한 변화를 상징하는 것 중 하나가 제44대 미국 대통령 선거였다.

대통령으로 당선된 버락 오바마는, 케냐 루오족 출신으로 미국에서 유학 중이던 아버지와 미국 캔자스 주 출신의 어머니 사이에서 태어났다. 그는, 인도네시아와 자카르타 등지에서 어린 시절을 보냈다. 소위 다문화 가정에서 태어나 다문화를 경험하고 자란 오바마의 출생과 성장에는 '다양성'이라는 요소가 곳곳에 스며있다. 그는 흑인도 아니고 백인도 아니며, 서양의 환경뿐 아니라 동양의 환경도 경험했다. 그는 1류 학교뿐만 아니라 3류라 불리는 학교에서도 교육을 받았다. 시카고 시의 빈민가에서 인권 운동가로 일했던 시간은, 그의 삶 한 편을 빈민층에게 내어 주는 계기가 되었다. 그러나 인권 변호사라는 보기 좋은 이름 옆에는 한때 마약에 빠졌던 젊은 날의 불미스러움도 있다.

오바마의 이러한 특징은 '하나로 정의할 수 없음'이다. 그럼에도 불구하고 오바마가 미국의 대통령에 당선되었을 때, 가장 대표적인 헤드라인은 "미국이 컬러를 이겼다", "미국 건국 이래 최초의 흑인 대통령" 등과 같은 것이었다. 온갖 사람들을 아우를 수 있었던 오바마의 특징인 '다양성'은 그의 당선과 더불어 사라졌고, 그는 어느새 평범한(?) 흑인 대통령이 되었다. 오바마에 대한 이러한 평가는, 변화된 새로운 시대를 읽는 오래된 낡은 눈을 보는 듯하여 씁쓸하기 짝이 없다. 아마도 백인과 흑인, 남자와 여자, 서양과 동양과 같은 이분법적인 사고가 우리에게는 너무도 익숙하기 때문에, 이것 아니면 저것을 선택하는 것 외에 다른 가능성을 생각하는 것이 그리 쉽지 않은 듯하다. 백인의 범주에 넣기가 껄끄러운 오바마의 경우, 그렇다면 '흑인'이라는 인식은 당연지사인 것이다. 그러므로 어쩌면 '흑인이며 백인'인 오바마를 인식하는 과정 자체가 우리에게는 매우 새로운 일일 수 있다.

그러나 우리에게 새로운 이러한 일이, 2천 년 전 사람인 1세기의 바울에게는 그리 낯선 일이 아니었다. 바울은 초대교회의 역사 속에서 이방인의 사도라는 자신의 정체를 충실히 실행한 자이지만, 분명히 유대인이었다. 그는 혈통적으로 오바마처럼 혼혈적인 특징을 갖고 있지 않다. 그러나 그가 유대인으로서 이방인과 함께, 이방인을 위해서 살았다는 것은 바울을 이해하는 데 있어서 매우 중요한 출발점이다. 혈통적인 순수성을 강조하는 1세기 유대인에게 있어서, 유대인으로서 이방인의 삶에 개방적인 태도를 갖는다는 것은 매우 특이한 일이기 때문이다. 그러므로 오바마가 단순히 '흑인'으로 불리는 것이 그리 적절하지 않은 것처럼, 바울이 단순히 '유대인'으로 불리는 것도 적절하지 않다. 오바마처럼, 바울도 '하나로 정의할 수 없음'이라는 특징을 가진다. 1세기 유대인으로서 바울은 유대와 이방이라는 두 세계에 속한 사람이다.

유대인들에게 유대와 이방은 서로 대립되는 세계이다. 그러나 바울은 자신이 속했던 두 세계를 대립적으로 생각하지 않으며, 하나를 선택하고 하나를 버려야 한다고 생각하지 않았다. 그는 두 세계를 아우를 수 있는 하나님의 섭리를 추구하며 자신의 복음 안에서 그것을 실현하고자 하였다. 21세기에 옛 사람 바울을 다시 불러내는 이유는 여기에 있다. 정치와 이념의 시대가 끝나고 종교와 문명이 대립과 갈등의 중심에 자리잡은 이 시기에, 거대담론들의 가치와 관심이 수그러들고 상대적인 진리와 자신들만의 정당성이 지지되는 이 시기에, 서로 다른 것들을 아우르며 그 안에서 일어나는 갈등과 대립을 보다 더 큰 관점에서 해결하려는 바울의 노력이 오늘날도 여전히 유효하기 때문이다. 오바마의 등장과 함께 새 시대가 선언된 것만큼, 2천 년 전 바울 역시 새 시대를 선언하며 그것을 실천한 자이다.

2009년을 맞이하며 들려온 소식 가운데 하나는 이스라엘과 하마스의 전쟁이었다. 물론 근래에 이르기까지 다양한 이유로 전개된 전쟁과 갈등이 전 지구적으로 끊이지 않았다. 자국 내의 문제이든 국가 간의 문제이든, 세계 곳곳에서 온갖 대립들은 쉬지 않고 일어났다. 그럼에도 불구하고, 서로 다른 종교, 서로 다른 문화, 서로 다른 이익추구로 인한 갈등이 얼마나 많은 사람들을 죽음과 고통 속으로 몰아넣을 수 있는지를, 역사적 현실로 목도하는 것은 충격적인 일이다. 더욱이 그러한 일에 속수무책일 때 충격은 배가된다. 대립과 전쟁은 늘 있어 왔지만 우리가 함께 살고 있는 이곳에서, 누군가가 고통 받고 죽어 가고 있다는 것은 슬픈 일이다. 더하여, 서로에 대한 미움이 만들어 낸 이유 없는 죽음에 대한 냉담은 우리의 모습을 더욱 처연하게 만든다.

거대 로마제국 아래에서 수많은 폭력과 억압을 경험했던 바울은 어떠했을까? 바울은 어떤 방도를 내놓을 수 있었을까? 나는 바울이 아니다. 바울과 같은 해법을 내놓을 수는 물론 없다. 그러나 바울의 시대와 우리의 시대가 내 머리 속에서 끊임없이 오버랩 된다. 그래서 바울이 아닐지라도, 바울에 대한 나의 생각이 '이 시대에 종교를 갖는다'는 것의 의미를 다시금 돌아보게 하는 단초를 제공할 수 있지 않을까 한다. 그러므로 배타의 시대에, 바울의 복음과 바울의 삶을 통해서, 서로 다른 것들을 어우른 바울의 포괄성이 오늘날 우리에게 주는 의미를 재조명해 보고자 한다.

두 세계 속에서 태어나다

베드로[1]: 당신 때문에 골치 아파요. 왜 그렇게 다른 유대인들이 싫어하는 것만 하시는 거죠? 복음을 꼭 그런 방식으로 전해야 하나요?

바울: 당신까지 저를 이해 못 하니 답답합니다! 당신도 유대인이니 유대인으로서 유대인답게 산다는 것이 얼마나 어려운 일인지 잘 알지 않습니까! 하물며 이방인이 유대인답게 사는 것이라니! 이방인들의 삶을 알면, 그들에 대한 긍휼함이 있다면, 그렇게 쉽고 간단하게 말할 수 없을 것입니다.

베드로: 물론, 저도 어느 정도는 당신에게 동의합니다. 그러니 이러는 것이지요. 이방인들을 어떻게 품어야 하는지

는 저도 고민입니다. 그러나 당신 방식이 워낙 적을 많이 만들다 보니……. 저도 뭐가 옳은지 모르겠습니다.

바울: 당신이 이방인을 품어요? 그건 착각입니다! 이것은 누가 누구를 품고 어쩌고 하는 문제는 아니지요. 하나님만이 우리를 품을 수 있을 뿐이지요. 우리는 그냥, 유대인이건 이방인이건 모든 사람이 같다는 것만 받아들이면 되는 겁니다. 이방인들과 함께 살면서 제가 배운 것은 그것입니다!

바울은 스스로, "내가 팔 일 만에 할례를 받고 이스라엘의 족속이요 베냐민의 지파요 히브리인 중의 히브리인이요 율법으로는 바리새인이요 열심으로는 교회를 핍박하고 율법의 의로는 흠이 없는 자라(빌 3:5-6)"고 말한다. 그는 유대인이며 다양한 유대 종파 중 바리새파에 속했던 자이다. 바울은 율법에 충실한 바리새인으로서, 예수를 그리스도로 고백하는 그리스도인들이 유대교와 양립할 수 없는 자들이라는 것을 알았다. 그러므로 유대교의 율법에 대한 바울의 열심은, 그가 그리스도인들을 박해하는 원인이 되었다.

이러한 일이 벌어진 것은 '유대교의 한 묵시적 소종파'라는 그리스도교의 정체로부터 연유한다. 지금 우리의 입장에서 보면, 유대교와 그리스도교는 전적으로 다른 종교이지만, 예수가 처음 복음을 전하고 초대교회가 시작될 당시, 그리스도교는 유대교의 여러 종파 중 하나로 이해되었다. 1세기 당시 유대교는 사두개파(제사장들을 중심으로 성전제의에 관심), 바리새파(반

제사장적 특징과 율법연구에 관심), 젤롯파(무력으로 로마에 대항하며 유대적인 것을 지키는 것에 관심), 엣세네파(사막에 나가서 율법을 철저하게 지키며 종말을 기다리는데 관심) 등으로 이루어져 있었다. 이러한 다양한 종파들은 66~70년에 있었던 로마와 유대와의 전쟁으로 말미암아 바리새적 유대교로 단일화되는 과정을 겪었다. 바울은, 유대교가 여러 종파로 구성된 복수적(複數的) 특징을 갖고 있었던 시대에 활동했다. 연대를 확실하게 고정시키는 것이 매우 어렵지만, 바울의 출생 시기는 대략 예수와 비슷하며, 아마도 예수가 죽은 후 2~3년 지난 32~34년 정도에 예수를 믿기 시작했고, 그리스도의 사도로서 활동하다가 62~64년에 로마에서 순교했을 것으로 추측된다.

그러므로 바울이나 바울 당시의 그리스도인들이, 그리스도교를 여러 다양한 유대 종파 중 하나로 생각한 것은 당연한 일이다. 유대인들 역시 그리스도교가 유대교의 테두리 안에 있다고 생각했는데, 그럼에도 불구하고 그들이 전하는 것과 자신들이 전하는 것이 다르다는 것을 인식하면서, 그리스도교에 대한 유대교의 박해가 시작되었다. 물론 박해의 처음은 예수의 죽음이다. 성서는 예수의 죽음이 빌라도라는 로마의 공식적 대리자에 의해서 이루어졌다고 이야기하지만, 예수의 죽음을 부추기고 음모를 꾸미며 그를 죽음으로 몰고 간 것은 유대인들임을 함께 강조한다. 물론 예수 죽음의 책임을 전체 유대인보다는 유대의 종교지도자들로 압축할 수 있다고 하더라도, 유대인들이 예수를 혹세무민(惑世誣民)하고 자신들의 종교를 문란하게 하는 자로 인식한 것은 분명하다. 예수의 이러한 죽음 후에 예수를 따르는 자들에 대한 박해도 지속되었으며, 어느 순간 바울도 그리스도인들에 대한 박해에 가담할 정도로, 그는 유대적 율법에 대해 열심을 갖고 있던 유대인이었다.

이러한 바울이 그리스도교의 믿음을 이방인에게 전함으로써 유대인의 적이 되기까지에는, 바울의 출생과 성장과정이 영향을 끼쳤을 것이다. 물론 바울의 출생과 성장에 관한 자료는 충분하지 않다. 우리에게 바울에 대해서 알려 주는 성서의 자료는 사도행전과 바울의 이름으로 된 편지들(신약성서에서 바울의 이름으로 된 편지들은 13개인데, 학자들이 바울의 것으로 인정하는 편지는 그중 7개이다. 데살로니카전서, 빌립보서, 빌레몬서, 고린도전서, 고린도후서, 갈라디아서, 로마서가 이에 속한다)이다. 실제로 우리가 알고 있는 바울의 많은 모습들이 사도행전의 기록에 의한 것이기는 하지만 학자들은 사도행전의 자료들을 사용하는 데 주저하는 경향이 있다.

사도행전은 그것을 쓴 기자(記者)의 의도와 목적에 따라 해석된 초대교회의 역사를 보여 주고 있으며, 그 속에서 전개되는 바울의 이야기도 사도행전 저자의 해석을 담고 있기 때문이다. 이는, 사도행전의 이야기가 신빙성이 없다거나 꾸며 낸 이야기라는 것을 의미하지 않는다. 단지, 어떠한 역사이든 간에 그것을 기록하고 있는 저자의 '해석'을 '사실'이라는 측면과 분리해서 생각할 필요가 있다는 것이다.

더욱이 사도행전에 나타난 바울의 모습이 바울의 편지에

나타난 바울의 모습과 다른 것들이 있는데, 이때 어느 모습이 진짜 바울인지를 판별하는 것은 그리 쉬운 일은 아니다. 일반적으로, 바울의 편지에 나타난 사건에 더 진정성을 두기는 하지만 그렇다고 사도행전을 폄하하거나 불필요한 것으로 치부하지는 않는다. 사도행전이 없었다면 우리는 바울에 대해서 알 수 있는 많은 것들에 대해서 침묵했어야 할 것이기 때문에, 사도행전의 가치는 아무리 강조해도 지나치지 않다. 다만, 해석과 사실의 차이를 간과하지 않고 사도행전을 사용한다면, 바울의 편지와 함께 사도행전은 우리가 바울을 재구성하는 데 중요한 역할을 할 수 있을 것이다.

바울의 출생지에 관한 정보는 사도행전에만 나온다. 사도행전은, 바울이 다소(Tarsus)에서 태어났다고 한다. 다소는 문화적으로 뛰어나며 아우구스투스의 사랑을 받아서 길리기아의 수도가 된 도시이다. 바울의 편지에서는 이에 관한 어떤 정보도 얻을 수 없지만, 현재로서 바울의 다소 출생을 의심할 이유도 없다. 사도행전은 다소에서의 출생과 더불어 중요한 정보를 더해 주는데, 바울이 로마 시민권을 가지고 있었다는 것이다. 바울이 로마 시민권을 정말로 가지고 있었는지는 학자들마다 의견이 분분하다. 아마도 당시에 로마 시민권을 사고 팔수 있었던 정황이나, 노예에서 해방된 자유민들이 시민권을 부여받을 수 있었던 정황들을 고려하여, 다소의 유대인 공동체에 속했던 바울이 시민권을 가질 수 있었던 상황들을 여러 가지로 추측해 볼 수 있다. M. 행엘과 같은 이들은 당시의 여러 자료와 상황들을 종합하여 바울의 유대인 선조들이 로마 시민에 의해서 해방되었고 그로 말미암아 바울의 가문에 로마 시민권이 부여되었을 것이라 추측한다.

이를 정확하게 판단할 수 있는 사람은 아무도 없지만, 바울이 문화적으로 뛰어난 헬라도시에서 로마 시민권을 갖고 태어났다는 것은, 비록 바울이 로마 시민권과 같은 것을 중요하게 생각하지 않았다 하더라도, 바울의 사고와 삶을 이해하는 데 중요하다. 바울이 헬라적 교육을 받고 헬라어를 구사하고 헬라적 사고를 할 수 있는 기회를 제공했기 때문이다. 물론, 바울이 받은 교육이 헬라적인 것에 국한된 것은 아니다. 사도행전에서 바울은 "나는 (중략) 이 성에서 자라 가말리엘의 문하에서 우리 조상들의 율법의 엄한 교훈을 받았다(행전 22:3)"고 말한다. 사도행전은, 바울이 다소에서 출생했지만, 그가 성장하고 교육받은 곳은 예루살렘('이 성')이라고 한다. 바울은 아마도 젊은 시절 예루살렘에서 엄격한 바리새적 교육을 통해서 율법학자로 훈련받았을 수 있다.

다소와 예루살렘에서 바울의 교육이 어떻게 이루어졌는지를 자세하게 재구성할 수 없지만, 이러한 과정이 단 한 번의 이동(다소에서 예루살렘)으로 이루어졌을 것이라고 단정할 필요는 없다. 다소나 예루살렘 어느 한 곳에 바울을 고정시켜 놓는 것은 불가능하며, 바울은 두 세계에 속한 사람답게 이방세계와 유대세계를 오가며, '헬라적 사고를 하는 바리새파 율법학자'로 성장하였을 것이다.

그러나 '헬라적 사고를 하는 유대인'은 바울만의 특징은 아니다. 이미 기원전 5세기, 유다가 바벨론에 멸망하면서 유대인 포로들이 바벨론으로 잡혀 갔고, 팔레스틴 밖에 있는 유대인, 즉 디아스포라 유대인들이 생겨나기 시작하였다. 이스라엘에 고난의 역사가 지속되면서 팔레스틴 밖의 유대인들이 늘어났으며, 이들은 이방문화(기원전 4세기 헬레니즘 이후 바울 당시까지의 지배문화는 헬라문화이다)의 영향을 더욱 직접적으로 받을 수밖에 없었기에, 예수 당시에 디아스포라 유대인이라는 말과 헬라파 유대인이라는 말은 같은 의미로 사용되었다. 그러나 중요한 점은 팔레스틴 유대인과 디아스포라 유대인이라는 개념이 단지 공간적인 것, 즉 그들이 팔레스틴 안에 있는지 밖에 있는지에 따라서 결정되는 것만은 아니라는 점이다. 처음에는 지역에 따라서 만들어진 개념이었지만, 주된 특징인 헬라화의 정도는 반드시 지역과 비례하는 것은 아니기 때문이다.

팔레스틴 안에 있더라도 헬라적 영향을 많이 받을 수 있고, 팔레스틴 밖에 있더라도 헬라적 특성으로부터 떨어져 있을 수 있다. 그러므로 요즈음에는 공간과 상관없이 헬라화의 정도에 따라 팔레스틴 유대인과 헬라파/디아스포라 유대인을 구분한다. 그러므로 바울이 초대교회에서 대표적인 헬라파 유대인에 속하는 이유는, 다소 출생이라는 것뿐 아니라 헬라문화와 이방인에 대한 그의 태도 때문이다. 물론 이방인에 대해서 개방적인 태도를 보였던 초대교회의 인물은 바울만은 아니었으며, 바울은 헬라적 사고를 하며 특히 예배 시에 헬라어를 사용하는 유대인들 중 하나였을 뿐이다. 사도행전은, 바나바와 베드로 등도 이방인에 대해서 우호적인 태도를 갖고 있음을 보여준다. 베드로는 초대교회를 이끌었던 다른 사도들, 특히 야고보와 같은 사람보다 이방인들에 대해서 훨씬 적극적 태도를 보인다. 그러나 그의 태도는 바울과 또한 다르다.

이는 이방인과 이방문화에 대한 유대인들의 태도가 서로 다르다는 것을 반증한다. 커다랗게 팔레스틴 유대인과 헬라파 유대인으로 구분한다고 하더라도 각각 그 안에서 유대적인 정도, 헬라적인 정도에는 차이가 있다. 바울을 이해하는 데 생기는 어려움은 이로부터 연유한다. 그는 언제나 유대인이라는 정체를 잃지 않았지만, 그가 갖고 있는 이방인에 대한 개방적인 태도는 엄격한 팔레스틴 유대인들과 갈등을 야기시켰을 뿐 아니라, 헬라파 유대인이라고 하더라도 그 안에서 다른 이들과 입장의 차이를 보였다. 정체성에 대한 이해와 이방문화에 대한 태도는 바울과 초대교회 구성원들의 신학적 입장과 신앙적 반응의 차이로 연결됨으로써, 초대교회의 분열과 갈등의 원인이 되었다. 유대교로부터 나온 초대교회는 기존의 유대문화와 다른 특성을 보였을 뿐 아니라, 이방문화에 대한 태도 또한 내부적으로 여러 갈래로 나누어졌기 때문이다.

예수를 따르다

바울: 당신은 아주 신기한 띠를 만드셨더군요. 우리가 구분하고 싶어 하는 것을 구분할 수 없게 만든 절묘한 띠에요. 저는 그것을 보면서 사람들이 저에 대해서 평가할 때 그 띠를 생각해 주었으면, 했습니다. 사람들은 늘 자기들이 편한 대로 저를 이쪽저쪽으로 갖다가 붙이거든요.

뫼비우스[2)]: 당신이 저의 그 기발한 '뫼비우스의 띠'를 알아주다니, 고마운 일이네요. 그래요, 그 띠의 특성은 안과 밖의 구분이 없는 것이지요. 뫼비우스의 띠에 개미를 한 마리 올려놓으면, 안쪽에서 기어가기 시작한 개미는 어느덧 밖으로 나오게 되고, 밖에서 기어가던 개미는 어느 순간 다시 안쪽에서 기어갑니다. 재미있는 일이에요.

바울: 맞습니다. 재미있는 일입니다. 그 재미가 어디서 오는지도 당신은 잘 알고 있겠죠? 그래요! 비상식입니다. 당신이 만든 띠는 한쪽 면만 존재하는 비상식적인 띠입니다. 안과 밖은 하나가 될 수 없다고 생각하는 우리의 상식을 조롱하는 듯이 말입니다. 그러나 때로 그 비상식적인 사고가 무엇인가를 새롭게 이해하는 데 도움이 되기도 합니다.

뢰비우스: 당신은 비상식적인 사람인가요? 죄송합니다. 우문(愚問)입니다. 당신은 사람들이 당신을 새로운 시각으로 이해해 주기를 바라는군요. 그러나 무엇인가를 익숙하지 않은 눈으로 본다는 것은 쉬운 일이 아닙니다.

그리스도교의 박해자였던 바울이 그리스도교의 전도자로 변한 것은 놀라운 일이다. 이 결정적인 사건에 대해서 바울 스스로는 매우 간략하게 이야기한다: "형제들아 내가 너희에게 알게 하노니 내가 전한 복음이 사람의 뜻을 따라 된 것이 아니라. 이는 내가 사람에게서 받은 것도 아니요 오직 예수 그리스도의 계시로 말미암은 것이라(갈 1:11-12)." 자신의 변화를 하나님의 계시로 정의하는 것이, 바울에게는 매우 당연한 일일지라도 듣는 사람에게는 모호하기 그지없다. 그가 어떠한 계시를 받았는가? 혹은 그는 어떻게 계시를 받았는가? 우리의 이러한 궁금증을 풀어 주는 것은 역시 사도행전이다. 사도행전은, 바울이 예수를 만나는 순간을 세 번에 걸쳐서 전해 준다. 그러나 세 개의 이야기들이 다소간에 차이를 보여 주기 때문에, 실제로 무슨 일이 있었는지를 정확히 알 길은 없다.

사도행전에서 전해지는 이야기들을 종합하면, 일의 대강은 이렇다. '바울은 예수 그리스도를 믿는 사람들을 박해할 공문을 가지고 다메섹으로 가는 길이었다. 길에서, 그는 하늘에서 오는 빛에 눈이 멀고 자신을 부르는 예수의 목소리를 듣는다. 그리고 다메섹에 들어가 한동안 앞을 보지 못한 상태에서 기도하던 중, 하나님의 계시를 받은 아나니아의 도움으로 눈을 뜨고 이방인의 사도가 되었다.' 바울이 '계시'라고 한마디로 표현한 것을 사도행전은 여러 가지 형태의 사건으로 보도해 준다. 분명한 것은, 바울이 특별한 경험을 통해서 이전과 다른 삶의 방향을 선택했다는 것이다. 그것은 지금까지 그의 삶과는 전적으로 다른 것이라 할 수 있다. 자신의 편지에서 바울은, "무엇이든지 내게 유익하던 것을 내가 그리스도를 위하여 다 해로 여길뿐더러 또한 모든 것을 해로 여김은 내 주 예수 그리스도를 아는 지식이 가장 고상함을 인함이라 내가 그를 위하여 모든 것을 잃어버리고 배설물로 여김은 그리스도를 얻고 그 안에서 발견되려 함이니(빌 3:7-9)"라고 말하기 때문이다.

지금까지의 삶을 미련 없이 버리고 그리스도 안에서 새로운 삶을 살겠다는 바울의 결단은, '다메섹 사건의 의미를 어떻게 볼 것인가?' 하는 질문을 제기한다. 질문은, 다메섹 이후의 바울의 삶이 그전의 삶과 어떠한 관계를 맺느냐 하는 것이다. 어떤 이들은 다메섹 사건을 '바울의 소명'이라는 개념으로 이해한다. '소명'은 맡은 일을 뜻하는 것으로 소명을 언급하는 사람은, 바울이 그리스도 안에서 새로운 사람이 되었다고 하여도, 그것이 이전의 유대인 바울과 전적으로 분리되지는 않는다는 것을 강조한다. 반면, 어떤 이들은 다메섹 사건을 '바울의 회심'이라는 개념으로 이해한다. '회심'은 전적으로 방향을 바꾸는 것을 의미한다. 회심을 언급하는 사람은, 바울이 그리스도 안에서 새로운 사람이 되었다는 것은 이전의 유대적인 것과의 전적인 단절을 뜻한다고 강조한다.

다메섹에서 바울은 소명을 받았는가? 회심을 하였는가? 바울이 그리스도 안에서 이전과 다른 사람이 되었다는 것은 분명하다. 그러나 그것은 헬라파 유대인이라는 그의 정체성에 '그리스도인'이라는 정체를 추가해 '헬라파 유대 그리스도인'이 되었다는 것이다. 이전에 가치 있다고 여기던 것을 배설물과 같이 여기는 바울이라고 하여서, 바울이 유대인이기를 포기했다는 것을 의미하지 않는다. 바울이 "내가 가진 의는 율법에서 난 것이 아니요 오직 그리스도를 믿음으로 말미암은 것이니 곧 믿음으로 하나님께로서 난 의라(빌 3:9)"고 고백한다고 해서, 그가 유대인의 율법을 전적으로 부정하는 것도 아니기 때문이다. 바울이 그리스도 안에서 새로운 가치를 발견하고 이전과 다른 삶을 살겠다고 결단한 것은 아마도 뫼비우스의 띠를 기어가는 개미의 그것과 다르지 않다.

우리는 바울에게서 안과 밖을 분명하게 구분하려고 한다. 그가 유대인인지 그리스도인인지를 나누려고 하는 것이다. 그러나 그것은 어쩌면 부질없는 일이다. 그는 여전히 유대인이며 또한 새롭게 그리스도인으로 태어난 자이다. 유대인으로 삶을 시작했던 바울은 어느 순간 그리스도인이 되어 그의 길을 갔으며 그러다 또 그는 유대인이라는 정체로 자신의 사명을 해석하기도 한다. 이전의 삶을 잃어버리는 것을 두려워하지 않았던 바울이지만, 그는 "나의 형제 곧 골육의 친척을 위하여 내 자신이 저주를 받아 그리스도에게 끊어질지라도 원하는 바로라(롬 9:3)"며 유대인의 구원에 대한 간절한 소망을 드러낸다. 이는 그가 유대적인 것은 물론 유대인이라는 정체로부터 전적으로 분리되거나 단절될 수 없다는 것을 보여 준다.

유대인 율법학자였던 바울의 회심은 그리스도 안에서의 새로운 가치로 바울을 이끌었고 그 새로운 가치는 바울이 경험한 소명이라는 형태로 부여되었다. 이러한 바울의 회심과 소명이 그의 삶의 분수령이 된 것은, 하나님의 구원의 대상에 대한 새로운 이해와 맞물려 있다. 이전의 바울은 하나님의 구원이 유대인에게만 국한되어 있다고 생각하였다. 바울이 그리스도를 믿는 자들을 박해한 것도 이 때문이었다.

예수의 복음은 유대적 정결법을 비롯한 율법의 허위를 폭로하며 유대인들의 믿음을 흔드는 것이었다. 예수는, 유대인들이 기대하지 않았던 방식으로 행하는 그리스도였기 때문이다. 예수가 보여 준 행위와 선포된 말씀은 매우 도발적이었으며 유대인들의 거룩함을 보증해 주지 않았다. 예수는 그들과 같은 듯 보이지만 확실히 다른 하나님의 구원을 실현했기 때문이었다. 그 다름의 한가운데 있는 것이 유대인에게 한정된 구원을 이방인들에게로 확장시킨 것이었다.

그러므로 이제 바울이 새롭게 되었다는 것은, 이전에 그리스도교를 박해했던 바로 그 원인을 자신의 소명으로 받아들였다는 것이다. 바울은 하나님의 구원이 유대인에게만 아니라 이방인에게도 임한다는 것을 깨달았고, 누군가는 그들에게 복음을 전해야 한다는 것도 알아차렸다. 그리고 자신이 그 일을 하는 것이 어쩌면 별난 일이 아니었다. 그는 하나님의 구원이라는 '띠' 안에서 유대인을 위한 열심을 이방인을 위한 열심으로 바꾸었을 뿐이었다. 그러나 그것은 안과 밖의 분리와 단절을 요구하는 것은 아니었다. 바울에게 있어서 그것은 안의 확장이며 밖의 지속일 뿐이었다. 그의 하나님에 대한 이해는 여전히 유대적이었으며, 구원에 대한 이해 역시 단절을 이야기할 정도의 분리를 보여 주지 않는다.

바울에게 있어서 사상의 확장과 삶의 확장은 분리되지 않는다. 바울은, 자신과 타인을 구분하던 옛 삶을 벗어나, 자신과 타인을 하나로 묶을 수 있게 되었다. 물론 기준이 되었던 인종적 차이가 없어진 것은 아니다. 그러나 그것은, 더 이상 안과 밖, 자신과 타인을 구분하는 역할을 상실함으로써, 변화의 새로운 기준점이 되었다. 그가 새로운 삶을 살게 되었다면, 바로 이것이 아닐까 한다.

'알고 이해한 대로 사는 것이 쉽지 않다'는 말이 일반적 상식으로 받아들여지는 상황에서, 그는 이 상식을 뛰어넘어 비상식적인 뫼비우스의 띠 안으로 걸어 들어가, 그의 삶을 하나님의 구원사의 궤도에 안전하게 안착시킨 것이다. 이러한 삶의 변화를 자연스럽게 드러내는 것이 바울이라고 하는 그의 이름이다. 성서에는 바울이라는 이름보다 사울이라는 이름이 먼저 나온다. 경우에 따라서 '사울이라고 불리던 바울'이라고 소개되기도 한다. 종종, 사울이라는 이름은 '가장 높은 자'라는 뜻을, 바울이라는 이름은 '가장 낮은 자'라는 뜻을 갖기 때문에, 이름의 변화는 그리스도를 믿기 이전과 이후의 변화를 나타내는 것이라고 설명되기도 한다.

그러나 아마도 새로운 이름인 바울로의 변화는, 그가 이방 세계에서 활동하게 되면서 필요에 따라 생긴 것이라 생각된다. 고대 로마의 이름은 세 부분으로 이루어지는데, 첫 번째는 성이고 두 번째, 세 번째에 각각 이름을 갖게 된다. '사울이라 불리는 바울'은 사울이 두 번째 이름, 바울이 세 번째 이름이라는 것을 알려 준다. 이스라엘의 왕에게서 유래한 사울이라는 자랑스러운 유대적 이름이, 로마에서도 흔하지 않은 바울이라는 이름으로 변한 데는 아마도 발음과 관계된 사연이 있을 수 있다. 사울이라는 유대적 이름은 헬라적으로 '사울로스(Saulos)'로 발음되는데, 사울로스는 매춘부의 이완되고 방탕하게 걷는 모습을 묘사하는 데 사용되었다. 이방세계에서 사도로 활동하면서 이러한 뜻의 이름을 고집하는 것은 쉽지 않았을 것이며, 아마도 사울로스와 발음이 비슷한 '바울로스'라는 로마 이름을 갖게 되었을 수 있다. 이름의 변화가 정체성의 변화를 의미한다면, 그것은 바울의 교만과 겸손이라는 태도를 나타내기보다, 이방세계에서 활동하기 위해서 유대적인 이름을 바꾼 바울의 인식의 변화에 있다. 유대인인 자신에게는 의미 있지만, 이방세계에서는 받아들여지지 않는 '사울로스'라는 이름은 바울에게 배설물과 같은 것이다. 이름의 변화는, 그리스도 안에서의 새로운 삶이 무엇인지, 그리스도로 말미암아 그에게 주어진 소명을 위해서 앞으로의 행보가 어떠할지, 바울에게 있어서 '버림'과 '바꿈'의 의미는 무엇인지를 보여 준다.

길을 떠나다

버코프[3]: 저는 미학에서 수학적 이론을 고안해서 예술, 음악, 시에 응용했습니다.

바울: 당신의 유명한 공식, M=O/C는 저도 알고 있습니다. 아름다움(M)란 질서(O)와 복잡성(C)의 함수라는 이야기죠? 질서가 예측 가능성, 즉 네트엔트로피를 의미한다면 복잡성은 예측 불가능성, 즉 엔트로피를 의미하지요. 이 둘의 적절한 비례를 통해서 아름다움이 탄생한다는 것은 인상적입니다.

버코프: 아름다움을 돋보이려고 엔트로피를 늘리는 것은 예술이 오랫동안 써먹어 온 수법입니다. 그러나 더욱 인상적인 것은 그 아름다움이 당신의 삶 속에서 드러난다는 것

이죠. 제가 보기에 고난은 삶 속에 나타나는 엔트로피입니다. 당신이 겪은 수많은 고난은 당신의 삶을 아름다움으로, 제가 보기에 신적인 아름다움으로 충만하게 했습니다.

바울: 과분한 말씀입니다. 그러나 예기치 못한 고난들 속에서 제가 하나님의 아름다움을 경험한 것은 사실입니다. 그 때문에 저는 제가 겪은 그 고난을 늘 자랑합니다.

그리스도 안에서 새로운 삶을 살게 된 바울의 처음 몇 년간에 대해서는 자세히 알 길이 없다. 바울은 자신의 편지에서 다메섹 사건 후에 아라비아로 갔다가 다시 다메섹으로 돌아왔다고 이야기한다. 이 기간은 약 3년 정도 걸렸던 듯하며, 3년 후에 처음으로 예루살렘에 올라가 15일 정도 지내면서 주의 형제 야고보를 만났다. 그 후에, 수리아와 길리기아 지방 등을 다니며 복음을 전하다가 14년 후에 두 번째로 예루살렘을 방문하여 베드로와 요한과 야고보를 만났다. 아마도 우리가 첫 번째 전도여행이라고 알고 있는 것은 두 번째 예루살렘 방문 전에 있었고, 예루살렘 방문은 바울의 전도로 야기된 문제들을 논의하는 목적을 내포하고 있었다. 14년 동안 있었던 바울의 활동을 구체적으로 알 길 역시 없으나, 바울은 여러 지역에 복음을 전하기 시작했고 시간이 지나면서 구체적인 전도여행의 형태로 나타났을 것이라 추측할 수 있다.

예루살렘 방문에서의 이야기들은 바울의 전도가 일으킨 문제가 무엇인지를 가늠할 수 있게 해 준다. 사도행전은, 바울의 거점지였던 안디옥에 유대로부터 사람들이 왔고 그들은 이 방인이라고 하더라도 모세의 법대로 할례를 받아야 구원을 받을 것이라고 이야기했다고 보도한다(행전 15:1). 유대교의 한 묵시적 소종파로 출발한 그리스도교는 유대인들로 구성되어 있는데, 유대인들은 앞에서 언급한 대로 헬라문화에 대한 정도의 차이에 따라 팔레스틴 유대인과 헬라파 유대인으로 나누어졌다.

초대교회 안에서 이들은 예배 시에 어떠한 언어(아람어와 헬라어)를 쓰느냐에 따라, 팔레스틴 유대 그리스도인(히브리파 그리스도인)과 헬라파 유대 그리스도인(헬라파 그리스도인)으로 구분되었다. '유대로부터 온 사람들'은 팔레스틴 유대 그리스도인들로서 예수를 그리스도로 믿는 것과 더불어 유대적 율법을 엄격하게 준수하는 자들이다. 물론 그 안에서 율법의 준수에 대한 정도의 차이가 있지만, 이들은 바울이 이방인들에게 할례를 요구하지 않은 채 복음을 전하는 것을 인정하지 않았다. 그리스도인들에게 할례를 비롯한 유대적 율법의 준수를 요구하는 것은 12사도들이 전하는 복음의 내용이었을 것이다.

12사도들은 예수와 함께 있었고 예수의 부활을 목격한 자들이라는 특별한 지위로, 초대교회에서 중심적 역할을 했다. 이러한 사도들과 바울의 복음이 다르다는 것은 바울에게는 매우 불리한 일이었다. 그것은 바울의 복음을 의심할 만한 이유가 되었기 때문이다. 그러므로 바울이 심혈을 기울인 것은 자신의 복음의 정당성을 확보하는 것이었다. 바울이 예루살렘을 방문한 것은 이 때문이었다. 사도행전과 바울의 편지는 상황을 설명하는 데 다소 차이가 있지만, 예루살렘에서 바울은 자신의 복음의 완벽함, 흠이 없음을 강변했다. 그리고 바울은, 예루살렘의 사도들이 자신에게 "더하여 준 것이 없고 도리어 내가 무할례자에게 복음을 전함을 맡기를 베드로가 할례자에게 맡음과 같이 한 것을 보고 베드로에게 역사하사 그를 할례자의 사도로 삼으신 이가 또한 내게 역사하사 나를 이방인의 사도로 삼으셨다(갈 2:6-8)"고 천명한다.

사람들이 대단하게 생각하는 그 사도들이 바울의 복음에 더하여 준 것이 없다는 것은, 바울에 대한 사람들의 비방과 달리, 바울의 복음에 아무 문제도 없다는 것을 드러낸다. 그러므로 바울은 자신의 복음을 비방한 자들을 '거짓 형제'라고 일축한다. 이를 통해서 바울은, 할례와 율법준수를 강조하는 히브리파 그리스도인들의 요구로부터 벗어나며 이방인을 유대인과 같이 만들려는 폭력적 허세로부터 복음을 보호한다.

애초, 히브리파 그리스도인과 헬라파 그리스도인의 갈등이 바울로부터 시작된 것은 아니었다. 초대교회에서 이미 이들의 갈등이 시작되었으며 이로 인해서 '각자 자신의 소유를 팔아 나눠 주어 믿는 사람 중에 핍절한 사람이 없었다(행전 2:44-46; 4:34-35)'는 초대교회의 아름다운 모습이 분열되기 시작하였다. 오늘날 우리에게 잘 알려진 '집사'라는 교회의 직분은 이러한 갈등의 해결책으로 나왔다. 실제적으로 집사는, 사도들이 유대인들에게 행하던 일들을 이방인들, 혹은 헬라파 그리스도인들에게 행함으로써 사도들과 더불어 초대교회에서 중요한 지도자의 역할을 담당하였다.

초대교회의 갈등과 집사의 출현, 바울의 복음 선포와 그로 말미암은 갈등은 초대교회 구성원의 다양성과 그에 따른 이방문화에 대한 다양한 경향들을 보여 준다. 일반적으로 초대교회라고 하지만, 초대교회를 예루살렘에 있는 교회로 볼 것인지, 예루살렘에 교회가 있었다면 그것은 한 개의 교회였는지 혹은 여러 개였는지, 혹은 예루살렘 교회뿐 아니라 당시에 함께 형성되고 있었던 여러 이방지역의 교회들(바울의 교회를 비롯한 이방교회)도 함께 언급하는 것인지에 대해서 의견이 분분하다. 그러나 대부분은 초대교회라는 말 자체에 이미 복수적(複數的) 개념이 들어가 있음을 인정한다. 물론, 예루살렘에 있던 12사도들을 중심으로 최소한 하나의 교회만을 상정한다고 하여도, 그 교회를 구성하고 있는 사람들의 다양성과 그로 인한 집사들의 출현은 초대교회의 특성을 '다양성'으로 이해하는 것을 방해하지 않는다.

교회들의 숫자와 지역과 무관하게, 초대교회는 다양한 구성원들을 갖고 있었으며 그로부터 다양한 신학적 입장들이 있었다. 히브리파 그리스도인과 헬라파 그리스도인들은 각각 율법의 준수와 이방문화에 대한 복음의 개방성 정도에 차이를 보였으므로, 초대교회의 특징을 한마디로 정의하기는 어렵다. 하나로 정의하기 위해서, 히브리파 그리스도인들을 중심으로 한 복음의 내용을 지지한다면, 헬라파 그리스도인들을 중심으로 한 복음의 내용을 버려야 하는 결과를 초래할 수 있기 때문이다. 그 역(逆)도 마찬가지이다. 성서는 초대교회가 이 둘 중 어느 하나를 택했다고 말하고 있지 않다. 오히려 신약성서는 이 둘을 함께 묶어 초대교회의 모습을 매우 풍부하게 보여 주고 있다.

이 둘을 함께 묶는다는 것은 하나에 다른 하나를 섞는다는 것을 의미하지 않는다. '함께 묶는다'는 것은 서로 다른 이 둘을 인정하여 '복음'이라는 하나의 범주 속에 넣는 것이다. 초대교회에서 12사도와 바울, 그리고 집사에 이르기까지 다양한 복음 전파자들이 있었고, 그들은 자신들의 특성과 복음 대상자의 특성에 따라 다양한 내용의 복음을 증거하였다. 예수 그리스도의 죽음과 부활을 전한다는 공통점을 갖고 있었지만, 그것을 전하는 방식은 하나로 획일화되어 있지 않았다. 즉, 예수 그리스도라는 기점을 중심으로 넓은 형태의 스펙트럼을 구성하고, 그 안에서의 다양한 목소리들을 '복음'이라는 형태로 우리에게 전해 주고 있는 것이 신약성서이다. 베드로나 야고보와도, 심지어는 예수와도 다른 바울의 목소리가 복음이라는 이름으로 우리에게 전해질 수 있었던 것은 초대교회가 견지해 온 이 다양성 때문이다.

그러나 신약성서는 복음의 다양성과 더불어, 다양성을 이해하고 받아들이는 것이 얼마나 어려운 일인지도 함께 알려 준다. 바울과 바울의 복음을 지속적으로 공격하던 적대자들의 존재가 그것이다. 바울은 활동하는 내내 적대자들에게 끊임없이 시달렸다. 다양한 성격의 적대자들이 바울의 복음과 바울의 사도성을 공격하였다. 바울은 예수가 활동할 때 함께 있던 자도 아니며 제자들과 함께 예수의 부활을 목격한 자도 아니었다. 다른 12사도가 예수와 맺고 있는 관계를 생각할 때, 바울에게 있어서 이것은 일종의 핸디캡이었다. 바울의 적대자들은 이것을 물고 늘어졌다. 바울의 사도성을 공격할 수 있다면, 바울의 복음은 정당성을 인정받을 수 없기 때문이다. 자신과 다른 내용과 다른 출처를 가진 사람에 대한 냉정함, 자신과 다른 이들을 공격함으로써 우월성을 확보하려는 자들의 잔혹함, 바울은 이것들과 싸워야만 했다.

이러한 갈등과 대립은, 바울에게 고난과 역경을 가져왔다. 그리고 바울 역시 그들을 통렬하게 비판하며 자신의 사도성과 복음을 지켜 나갔다. 그렇다면 바울이 진정으로 비난했던 것은 무엇일까? 적대자들을 격렬하게 공격하고 있는 갈라디아서에서 바울은 적대자들을 '거짓 형제'로 단정 짓는다. '형제'라는 말을 사용하고 있는 것을 보면, 바울이 예수를 그리스도로 고백하는 공동체에서 그들을 배제시키지 않는 듯하다. 그러나 그들 앞에 '거짓'이라는 말을 붙임으로써, 그들의 정체를 분명하게 보여 준다. 바울은 왜 그들을 거짓말쟁이라고 하는가? 바울과 달리 그들이 할례를 강조하기 때문에 그들의 말을 거짓말이라고 하는가? 아마도 바울이 그들을 거짓말쟁이로 부르는 것은 그와 다른 복음을 전하기 때문이 아니라, 자신들과 다른 복음을 전하는 바울을 틀렸다고 말하기 때문일 것이다.

바울은 유대인에게 할례가 얼마나 중요한지 알고 있는 유대인이다. 그러므로 유대인들이 복음과 함께 할례를 받는 것을 반대할 생각이 바울에게는 없다. 그러나 그것이 이방인에게라면, 문제는 달라진다. 이방인이 복음과 함께 할례를 받아야 할 필요가 없다는 것은 바울에게 분명하기 때문이다. 바울에게 있어서, 할례를 받는 히브리파 그리스도인은 틀리지 않다. 마찬가지로 할례를 받지 않는 이방 그리스도인도 틀린 것이 아니다. 그런데 유대에서 온 '형제'들은 바울의 복음이 자신들과 다르다고 하여 그것을 틀리다고 하며 이방인들도 할례를 받아야 한다고 주장한 것이다. 바울이 보기에, 그들의 주장은 확실히 틀린 일이며 그들은 '거짓말쟁이'이다.

틀림과 다름의 혼란, 일방성과 획일성의 폭력, 바울은 그것들과 싸워야 했고, 그것들이 건네는 고난을 피할 길이 없었다. 그러므로 복음을 전하는 바울의 삶과 고난은 동전의 양면처럼 늘 함께한다. 그러나 바울은 늘 그 고난을 자랑하며 고난을 사도의 징표로 강조한다. 고난은 하나님이 그와 함께 하시며 그가 세상이 아니라 하나님에게 속한 자라는 것을 드러내는 것이기 때문이다. 고난은 고통을 수반하지만, 그것은 단순히 고통의 상흔만을 남기지 않았다.

이방인들에게 문을 열다

아렌트[4]: 당신에게 예루살렘이 중요한 것처럼, 저에게도 예루살렘은 중요합니다. 당신만큼 저도 예루살렘에서 매우 특이한 경험을 했기 때문이죠. 예루살렘에서 있었던 전범(戰犯) 아이히만의 재판에 참석했었습니다. 나치를 위해서 유대인 수용소를 건설하고 유대인을 학살한 사람이 자신의 무죄를 변호하는 것을 보면서 많은 생각을 했습니다.

바울: 거기서 나온 당신의 철학적 개념이 '악의 평범성'이라는 것이죠?

아렌트: 네, 그렇습니다. 그의 변호인이 그러더군요. 아이히만은 '톱니바퀴의 이'에 불과하다나! 아이히만은 조직에서 시키는 대로 했을 뿐이기 때문에, 그는 아무 죄가 없다고 하

더군요. 도대체 '아이히만의 죄는 무엇일까?' 다시 생각할 수밖에 없었습니다. 결론은 '인간은 톱니바퀴의 이가 아니라는 것'입니다. 그렇다면 아이히만의 죄는, 인간으로 할 수 있는 생각을 하지 않고 자신을 톱니바퀴의 '이'로 만들어 버린 데 있지 않겠습니까?

바울: 그래서, '생각하지 않은 죄'라는 명(名)이 나왔군요. 정말론 중요한 지적입니다. 조직과 체제를 떠날 수 없는 인간이 자신이 어디에 있는지, 무엇을 하는지 생각하지 않는다면, 자신이 상상할 수 없는 죄를 짓게 되지요. 그 조직 속에 만연한 일상화된 죄 말입니다. 당신이 '생각하지 않음'과 '악의 평범성'을 연결한 이유를 알 것 같습니다.

바울을 고난 속으로 몰아넣은 복음의 핵심은, 할례와 같은 율법의 행위에 의하지 않고 오직 믿음으로 말미암아 구원을 얻는다는 것이다. 이를 '믿음으로 말미암은 구원'이라고 요약할 수 있다. 칭의론/의인론으로 불리는 '믿음으로 말미암은 구원'은 갈라디아서와 로마서에서 주로 다루어지는 것으로, 바울의 복음에서 중요한 내용을 차지한다. 그러나 물론 그것이 바울의 복음의 유일한 내용은 아니며, 바울의 복음을 전적으로 설명할 수 있지도 않다. 바울은, '믿음으로 말미암은 구원' 이외의 주제들도 많이 언급할 뿐 아니라, 같은 주제를 다룬다고 하더라도 각각의 교회들이 처한 상황에 따라 강조점이 달라지기 때문이다. 바울의 편지들은 편지를 받는 교회들의 상황이 전제되어 있어서, 그것을 배제한 채 교리적으로만 바울에 접근한다면 많은 부분 오해의 소지가 있다. 바울은 교리나 체제를 세울 의도를 갖고 있었던 사람이 아니라, 직면한 문제를 신학적 전망으로 해결하고자 했던 사람이기 때문이다. 그러므로 바울을 이해하기 위해서 바울의 교회들의 상황을 이해하는 것은 매우 중요하며, 바울이 다루는 모든 주제들은 이러한 상황과의 연관 속에서 이해되어야 한다.

그럼에도 불구하고 '믿음으로 말미암은 구원'이 교리적으로 강조된 데에는 M. 루터의 영향을 간과할 수 없다. 중세 가톨릭이 전통과 교황의 권위를 강조한 데 반하여, '오직 성서, 오직 믿음, 오직 은혜'라는 기치로 시작된 루터의 종교개혁은 "복음에는 하나님의 의가 나타나서 믿음으로 믿음에 이르게 하나니 기록된바 오직 의인은 믿음으로 말미암아 살리라 함과 같으니라(롬 1:17)"는 구절을 화두로 제시하였다.

루터는, 인간은 죄인이며 죄인인 인간이 구원받을 수 있는 것은 예수 그리스도로 말미암은 하나님의 은혜임을 강조하였다. 루터의 강조점은, 교리나 전통이 아니라 오직 예수 그리스도에 대한 믿음으로 구원받을 수 있다는 것이다. 이를 위해서, 루터는 믿음에 대한 바울의 강조를 인용하면서 바울의 '믿음의 의'와 유대인들의 '율법의 의'를 대립시켰다. 바울을 통해서 믿음을 강조한 루터의 영향은 개신교에서 바울의 위치를 현격하게 높여 주었을 뿐 아니라, 바울에게서 의인론의 중요성을 부각시키는 계기가 되었다.

'믿음으로 말미암은 구원'은, 루터 이후로 유대교의 율법과 예수 그리스도에 대한 믿음을 대립시켰다. 이로 말미암아 유대교는 행위의 종교, 그리스도교는 믿음의 종교로 각인되었고, 의인론은 그리스도교의 핵심교리로 자리 잡았다. '믿음으로 말미암은 구원'이 예수 그리스도 사건의 구원사적 의미를 적절하게 드러내고 있는 것은 분명하다. 그러나 '믿음으로 말미암은 구원'이 과연 믿음의 의와 율법의 의를 대립시키고 있는지는 의문이다.

이러한 의문은 1980년대부터 제기되기 시작했으며 바울과 유대교에 대한 새로운 이해를 넓히는 계기가 되었다. 특히 E. P. 샌더스는 유대교에 대한 연구를 통해서 '믿음으로 말미암은 구원'을 새롭게 해석할 수 있도록 하였다. 그는 그리스도교가 유대교에 대해서 가지고 있던 편견을 비판하며 바울 당시의 유대교의 진면목을 보여 주었다. 그에 따르면, 1세기 유대교는 루터 이후 그리스도교가 강조해 온 것처럼, 은혜와 행위를 대립시키지 않았다. 즉, 유대인들은 율법의 행위를 통해서 구원을 받을 수 있다고 생각하지 않았으며, 구원은 하나님의 은혜로부터 오는 것이라고 고백했다.

이러한 주장을 위해서 샌더스는 유대인이 구원에 대해서 가지고 있던 두 가지 측면을 구분한다. 유대인들은 구원에 '들어가기' 위해서 하나님의 은혜가 필요하다고 생각했지만, 구원에 '머물기' 위해서는 율법을 지켜야 한다고 생각했다는 것이다. 그러므로 율법은 구원을 위한 전제조건이 아니다. 단지 구원받은 자가 하나님의 백성으로 머물기 위해서 필요한 것이 율법이다. 여러 가지 비판이 없는 것은 아니지만, 샌더스의 이러한 주장은 행위로 구원을 받는다는 유대인들에 대한 오해를 불식시켜 주었다. 더불어 '믿음으로 말미암은 구원'에 대한 루터적 이해를 검토할 수 있는 바탕이 되었다. '유대인들이 구원을 하나님의 은혜로 생각한다면, 바울이 행위가 아니라 믿음으로 구원받는다고 주장한 것은 무엇을 의미하는가?'라는 질문이 제기되었기 때문이다. 이렇게 시작된 바울에 대한 새로운 이해의 중심에는, 바울은 믿음과 율법을 근본적으로 대립시키지 않는다는 인식이 있다.

우리는 바울의 활동지였던 안디옥에서 일어난 재미있는 사건을 읽을 수 있다. 어느 날, 베드로와 바울의 동역자였던 바나바가 이방인들과 함께 식사를 하고 있을 때였다. 식탁교제는 예수에게 그 기원을 갖고 있는 것이었다. 예수는 세리나 죄인들과 함께 식사를 했고 바리새인들은 이것을 비판하였다. 거룩함을 강조하는 바리새인들의 입장에서 볼 때, 정결하지 않은 죄인들과 식사를 하는 예수의 모습은 부정한 것이었기 때문이다. 그러나 예수는, 바리새인들이 더럽다고 하는 그 식탁이 바로 거룩한 식탁이며, 죄인들과 나누는 식탁은 죄인을 부르러 온 자신의 목적을 실현하는 장소임을 천명한다(막 2:13-17).

그러므로 안디옥에서 베드로와 바나바가 이방인과 함께 식탁을 나눈 것은 예수의 전통을 이은 것이며 죄인을 부르러 온 예수의 복음을 실현하는 것이기도 하였다. 그러나 '야고보에게서 온 어떤 이들'이 베드로와 바나바가 이방인과 식사를 하고 있는 자리에 오자, 베드로와 바나바는 식사를 물리치며 식탁을 파기했다. 바울은, 그들의 행위가 할례자들(야고보에게서 온 자들), 즉 예수 그리스도를 믿을 뿐 아니라 할례를 해야 한다고 주장하는 자들을 두려워했기 때문이라고 지적한다.

이 일로 바울은 바나바와 베드로에게 격노하며 그들을 '외식하는 자들'이며 '복음의 진리를 따라 바로 행하지 않은 자들'이라고 책망한다. 할례자들을 두려워한 베드로와 바나바의 잘못은, '유대인으로서 이방을 좇고 유대인답게 살지 아니하면서 억지로 이방인을 유대인답게 살게 하려 하기(갈 2:14)' 때문이다.

바울이 반대하는 것은 바로 이것이다. 유대인이 할례 받는 것은 문제될 것이 없다. 그러나 할례라는 것이 낯설고 두려운 이방인에게 그것이 마치 구원의 조건인 것처럼 할례를 요구하는 것은 바람직하지 않다. 그것은 이방인이 복음을 믿지 못하게 하는 걸림돌이 될 뿐 아니라, 복음 안에서 이방인과 유대인이 하나 될 수 있는 것을 막는 장벽으로 작용한다. 그렇다면 바울이, "사람이 의롭게 된 것은 율법의 행위에서 난 것이 아니요 오직 예수 그리스도를 믿음으로 말미암는 줄 아는 고로 우리도 그리스도 예수를 믿나니 이는 우리가 율법의 행위에서가 아니고 그리스도를 믿음으로서 의롭다 함을 얻으려 함이라. 율법의 행위로서는 의롭다 함을 얻을 육체가 없느니라. 만일 우리가 그리스도 안에서 의롭게 되려 하다가 죄인으로 나타나면 그리스도께서 죄를 짓게 하는 자냐? 결코 그럴 수 없느니라. 만일 내가 헐었던 것을 다시 세우면 내가 나를 범법한 자로 만드는 것이라. 내가 율법으로 말미암아 율법을 향하여 죽었나니 이는 하나님을 향하여 살려 함이니라(갈 2:16-19)"고 이야기할 때, '믿음으로 말미암은 구원'은 어떤 의미인가?

그것은 단지 죄인인 인간이 하나님의 은혜로 구원을 받았다는 것만을 의미하지 않는다. '믿음으로 말미암은 구원'은 믿음 안에서 일어나는 모든 차별을 비판한다. 유대인들은 하나님의 은혜로 구원받음에도 불구하고, 구원받은 자 안에서 할례 받은 자와 그렇지 않은 자를 구분하였다. 할례와 율법을 기준으로 하나님의 백성에 들어올 수 있는 자와 그렇지 못한 자, 정결한 자와 그렇지 못한 자, 의인과 죄인을 끊임없이 나누었다. 같은 믿음을 가진 그리스도 공동체 내에서도, 유대인이냐 이방인이냐, 율법을 지키느냐 아니냐에 따라 옳은 믿음과 틀린 믿음이 나누어진 것이다.

그러나 바울은 그리스도 공동체에서 이러한 구분과 차별을 철저히 부정한다. 그것은 믿음으로 의롭게 된 자들을 다시 죄인으로 만드는 것이며, 헐었던 것을 다시 세우는 것이며, 율법을 향해서 죽었던 것을 다시 살려 내는 모순 외에 다름이 아니기 때문이다.

바울에게 있어서 '믿음으로 말미암은 구원'이란 여러 가지 이유로 만들어진 모든 장벽을 그리스도 안에서 허무는 것이다. 죄인과 식탁을 나눈 예수가 죄인에 대한 바리새적 기준을 헐어 버리고 새로운 거룩함을 보여 주었던 것처럼, 바울의 '믿음'은 사람들이 만들어 놓은 차별과 불평등의 장벽을 예수로 말미암아 넘어서는 것이다. 바울이 율법의 행위를 비판하는 것은 이 때문이다. 유대인들은 구원이 하나님의 은혜로부터 온다고 고백함에도 불구하고, 그들이 구원의 상징인 율법을 맡았다는 것과 자신들이 율법을 지킬 수 있는 열심을 가졌다는 것을 자랑하였다. 그리고 그 자부심으로 그리스도 안에 들어온 이방인들도 자신들과 같이 율법에 열심을 내야 한다고 강요한 것이다.

그러나 이렇듯 이방인을 유대인과 같이 만들려는 것은 이방인에게 부당한 일이며 이방인과 유대인의 다름을 인정하지 않는 일이다. 바울은 이것이 반(反)복음적임을 명백히 한다. 왜냐하면 '믿음으로 말미암은 구원'은 하나님의 백성에게 믿음 외에 다른 조건이란 없다는 것을 의미하기 때문이다.

그러므로 '믿음으로 말미암은 구원'은 하나님과 인간과의 관계를 다루는 것뿐 아니라 인간과 인간과의 관계를 다루는 데 초점이 있다. 죄인인 인간이 구원받았다는 것만이 중요한 것이 아니라, 구원받은 인간 사이에 어떠한 차이도 없다는 것이 또한 중요하다. 이방인과 유대인 사이에 어떠한 장벽도 없다는 것을 강조하는 것은, 모든 인간이 하나님 앞에서 똑같은 죄인일 뿐 아니라 똑같은 피조물이라는 인식에서 기인한다. 이것은 불평등과 차별에 대한 바울의 인식이 매우 근본적인 맥락을 갖고 있음을 암시한다.

'믿음으로 말미암은 구원'에는, '다름'을 인정하지 않는 것으로부터 오는 인간사의 모든 차별과 불평등에 대한 비판이 내포되어 있다고 할 수 있다. 바울은, 예수가 이미 폐하여 버린 인간 사이의 오래된 장벽을 다시 세우는 인간의 지난한 노력을 비난하며, 믿음의 본질이 무엇인지를 들여다보게 한다. '믿음으로 말미암은 구원'은, 복음의 이러한 구조적 특징을 깨닫지 못하는 자들이 예수의 이름으로 **빠**질 수 있는 일상적인 악의 고리에서 믿음의 본질을 찾게 하는 것이다.

허물어진 장벽 위에서 숨을 쉬다

호세이니[5]: "지붕 위에서 희미하게 반짝이는 달들을 셀 수도 없었고 벽 뒤에 숨은 천 개의 찬란한 태양들을 셀 수도 없었다네."

바울: 17세기에 사이브에타브리지가 카불에 관해 쓴 시군요. 찬란했던 시절을 그려볼 수 있는 아름다운 시입니다.

호세이니: 네, 아름다운 시지요. 그러나 카불의 현재를 생각한다면, 슬픈 시이기도 합니다. 그렇게 빛났던 것들이 이렇게 쓰러질 수 있다니……. 그러나 빛나던 과거를 기억하는 것은, 현재의 참담함에도 불구하고, 희망찬 미래를 꿈꾸게 합니다. 제가 이 시를 즐겨 읊는 이유이지요.

바울: 알고 있습니다. 처참한 아프가니스탄 여자들의 이

야기 속에서 이 시를 읽으면서 저는 당신의 희망을 보았답니다. 저도 늘 그런 희망을 가지고 있는걸요. 어느 날, 벽 뒤에 숨겨져 있는 천 개의 찬란한 태양이 다시금 빛을 낼 수 있는 그런 세상을 저도 기대하고 있답니다.

바울이 '믿음으로 말미암은 구원'을 통해서 유독 이방인과 유대인과의 관계에 집중한 것은, 그것이 당시의 바울과 바울의 교회에 심각한 문제였기 때문이다. 히브리파 그리스도인과 헬라파 그리스도인의 갈등을 태생적으로 안고 시작한 초대교회에 있어서, 이방인과 유대인의 관계는 이방인들에게 복음을 전하면서 직면하게 된 필연적 문제이다. 그러나 하나님의 백성 안에 놓인 장벽은 유대인과 이방인 사이에만 한정된 것이 아니다. 인종적인 차별과 더불어, 성적, 사회적, 문화적 차별 등, 무수한 차별과 불평등이 존재하기 때문이다. 그러므로 바울이 '믿음으로 말미암은 구원'을 통해서 이방인과 유대인의 장벽을 철폐했다면, 그것은 다른 여타의 다양한 장벽들이 동시에 무너졌음을 상징적으로 보여 준다. 하나님의 백성이 된다는 것, 하나님 나라에 들어간다는 것은 사람들이 만들어 놓은 출처불명의 이러한 차별들로부터 벗어나는 것이기 때문이다.

그러므로 오늘날 바울을 읽는 사람들이 주의해야 할 것은, 바울이 자신의 상황에서 강조하는 사안에만 머물러서는 안 된다는 것이다. 바울과 전혀 다른 세상과 환경에 살고 있는 우리가 바울과 같은 소망을 가지며 바울의 복음에 관심을 기울이는 것은, 바울의 이야기를 통해서, 오늘날 우리가 당면한 문제들을 풀기 위해서이다. 그러므로 바울을 이해한다는 것은, 바울의 상황과 우리의 상황을 유비시킴으로써, 그 속에서 바울의 의미를 재구성하고 재해석하는 것이다.

바울이 직면했던 중요한 장벽 중의 하나는 유대인과 이방인의 갈등이었지만, 바울 이전 호랑이 담배 먹던 시절부터 바울 이후 그리고 오늘날에도 여전히 깨지지 않는 철벽 중의 하나는 남자와 여자 사이의 장벽이다. 성적(性的) 장벽은, 바울이 관심을 기울였던 인종 간의 장벽만큼이나 오래되고 두꺼운 벽이다.

여자 문제에 대해서 바울은 적지 않은 오해를 받아 왔다. 특히 고린도교회에서 일어난 몇몇 일들 때문이다. 당시의 여자들은 외출할 때 머리에 무엇(오늘날 '히잡'에 해당하는 것)을 쓰고 다녔는데, 당시에 그것은 남자에 대한 여자의 복종을 의미하는 것이었다. 복음을 듣고 새로운 삶과 자유를 경험한 여자들은 교회 내에서 머리에 쓴 것을 벗기 시작했으며, 특히 예배를 드릴 때에 머리에 아무것도 쓰지 않고 예언을 하는 여자들이 생겨났다. 당시의 상황에서 이것은 매우 혼란스러운 일이었다. 교회 안에서는 물론이거니와 교회 밖에서도 보지 못한 일이었기 때문이다. 이러한 문제가 발생하자, 바울은 여자들이 예배드릴 때 머리에 무엇을 쓰지 않고 예언하는 것을 금하였다(고전 11:2-16).

바울의 편지를 읽는 사람들은, 바울의 이러한 권고는 남자들의 편을 들어 주는 것이라고 생각하였고, 바울이 매우 분명하게 남자와 여자의 차이와 그로 인한 차등을 인정하고 있다고 받아들였다. 더욱이 바울은 문제가 많았던 고린도교회에, "여자는 교회에서 잠잠하라. 저희의 말하는 것을 허락함이 없나니 율법에 이른 것같이 오직 복종할 것이요 만일 무엇을 배우려거든 집에서 자기 남편에게 물을지니 여자가 교회에서 말하는 것은 부끄러운 것임이라(고전 14:34-35)"고 권면한다. 이 구절은 바울 이후 2천 년이 넘게 여자들의 입에 재갈을 물리는 역할을 했으며, 하나님의 백성으로서 남자와 여자의 장벽을 굳게 하는 역할을 했다.

그러나 바울의 여러 편지들을 세심하게 읽어 보면 바울의 의도가 어디에 있는지 분명히 드러난다. '믿음으로 말미암은 구원'에 대한 바울의 이해는, 인간 사이의 모든 불평등과 차등을 인정하지 않기 때문이다. 그러므로 이에 대해서 바울의 의중을 가장 적절하게 드러내고 있는 구절은, "너희는 유대인이나 헬라인이나 종이나 자주자나 남자나 여자 없이 다 그리스도 예수 안에서 하나이니라(갈 3:28)"이다.

바울은, 그리스도 안에서의 새로워진 관계를 유대인과 이방인이라는 인종적 차별에만 국한시키지 않고, 종과 주인이라는 사회적 관계와 남자와 여자라는 성적인 관계로까지 확장시킨다. 이것은, '믿음으로 말미암은 구원'이 이방인과 유대인의 문제에만 해당되는 것이 아니라는 사실을 드러낸다. 또한 그것이 인종적, 사회적, 성적인 문제에만 해당되는 것도 아니라는 사실도 보여 준다. '믿음으로 말미암은 구원'이 적용된 세 개의 패러다임은 오늘날 우리 사회의 여러 다양한 차별과 불평등 속에서 언제든지 다양하게 적용될 수 있기 때문이다. 이것이 '믿음으로 말미암은 구원'에 대한 바울의 기본적인 입장이다.

이러한 입장을 바탕으로 바울은 각각의 상황 속에서 형편에 맞는 권고를 한다. 여자에 관한 문제들도 마찬가지이다. 여자와 남자가 그리스도 안에서 어떠한 관계인지는 바울에게 분명하지만, 그것이 실제적인 삶 속에서 실현되는 과정에서 문제의 강조점에 따라 다소간에 차이가 있을 수 있다. 여자가 예언할 때 머리에 무엇을 쓸 것인가 말 것인가의 문제는 실제로 여자에 대한 문제가 아니라 여자의 복장에 대한 문제이다.

바울은 예배에서 여자가 남자와 동일하게 예언하는 것을 문제 삼지 않는다. 오히려 이 문제를 다루고 있는 곳에서, 그는 "주 안에서 남자 없이 여자만 있지 않고 여자 없이 남자만 있지 아니하니라. 여자가 남자에게서 난 것 같이 남자도 여자로 말미암아 났다(고전 11:11-12)"고 이야기한다. 남자와 여자의 동등성과 상호성에 대한 이해는 바울에게 매우 근본적인 인식이다.

그러나 이러한 근본적인 인식에도 불구하고, 예배 때에 여자들의 복장에 관하여, 바울은 여자들의 갑작스러운 변화가 일종의 혼란으로 나타날 것을 우려했던 듯하다. 남자와 여자가 존재론적으로 같다고 하더라도, 바울은 행태의 동일성을 인정하지는 않는다. 어쩌면 이것은 바울의 한계이기도 하다. 바울의 복음이 시대적 한계를 넘어서고 있지만, 그렇다고 바울을 그 시대와 따로 떼어 놓고 생각할 수는 없다.

특히 교회의 새로운 질서가 외부사람들에게도 좋은 모습으로 받아들여지기를 원했던 바울은, 당시로서는 파격적일 수 있는 여자들의 복장이 교회에 덕(德)이 되지 않는다고 판단하였다. 교회 밖에 있는 세상의 질서에 끊임없이 도전했던 바울이, 왜 여자들의 문제에서는 더욱더 파격적인 선택을 못 했느냐고 다그친다면, 할 말이 없을지도 모른다. 그러나 그는 여자의 복장을 풀어 주는 것이 복음전파에 도움이 되지 않는다고 생각했음이 분명한 듯하다.

여자들에게 물린 단단한 재갈의 경우, 바울에게 좀 더 억울한 측면이 있다. 교회 안에서 여자들의 입지가 좁아진 것을 바울의 탓으로 돌리지만, 바울은 '잠잠하라'는 요구를 여자들에게만 하고 있지 않다. 바울은, 특히 은사 때문에 문제가 생긴 고린도교회에 은사를 무질서하게 사용하지 말 것을 권면한다. 그는 "하나님은 어지러움의 하나님이 아니시오 오직 화평의 하나님이시니라(고전 14:33)"고 말한다.

그러므로 그는 방언하는 자나 예언자들이 교회의 질서를 어지럽히면, 그들은 교회에서 잠잠하라고 경고한다. 교회에서 여자들에게 잠잠하라는 명령은 이러한 맥락에서 내려지는 것이다. 복장의 문제가 제기되었을 때, 바울은 고린도교회에서 여자들이 예배 때에 예언을 하는 것에 이의를 제기하지 않았다. 그러므로 '잠잠하라'는 이야기는 공적인 말을 못하게 하는 것이 아니라, 예배 때에 사적인 이야기를 금하는 것이다.

이러한 요구는 성서에 언급된 사람들, 즉 방언하는 자들, 예언하는 자들, 여자들에게만 해당되는 것이 아니다. 교회에서 질서를 어지럽히는 모든 사람들에게 해당된다. 바울은 모든 것들을 하나하나 다 말하고 넘어가지 않는다. 바울이 이야기하는 것은 특히 각각의 교회에서 문제가 되었던 것들이다. 각각의 교회의 상황들과 연관된 문제 이외의 것들에 대해서 우리가 알 길은 없다. 다만 인간에 대한 바울의 인식이 어떠했는지, 교회를 유지하는 데 있어서 중요하게 여겼던 바울의 생각이 무엇인지와 같은 기본적인 문제들을 가늠하면서 그것들을 오늘날의 상황에서 재해석할 수 있을 뿐이다.

그리스도 안에서 일어난 여자들의 변화는, 한편으로 새로운 문화의 양상을 고스란히 드러내 준다. 그것은 특히 기존의 질서를 주도하고 있었던 남자들에게는 도전이 되는 새로운 바람이었다. 바울은 새로운 형태의 이 대립과 갈등을 위해서 여자들에게 자제를 부탁한다. 여자들의 새로움이 '무질서와 혼란'이라는 진부한 말로 변용되며 그것이 바울에 의해서 억압되었다는 것은 유감스러운 일이기도 하다.

그러나 한편으로 그것은 갑작스러운 변화로 말미암아 생길 수 있는 부작용을 최소화함으로써, 여자들이 주 안에서 얻은 보다 근본적인 변화를 유지하게 하는 측면이 있기도 하다. 그러므로 중요한 것은, 바울이 특정한 상황에서 한 몇 마디 이야기들을 일반적이고 보편적인 사실로 교리화시키지 않는 일이다. 그러한 경우에, 바울의 의도는 왜곡되고 복음의 본질은 빗나간다. 상황은 언제나 변하는 것이기 때문이다.

변하지 않는 것은, 바울의 복음은 예수 그리스도가 허문 것이 무엇인지를 끊임없이 묻고 있다는 것이다. '예수 그리스도가 장벽을 허물었다'는 것이 바울의 인식의 출발이라면, 바울의 복음은 '무엇을 허물었는가?'를 묻는다. 오늘 우리가 읽는 것이 바울의 '복음'이라면, 그 질문은 여전히 유효하다. 이러한 질문이, 다름을 틀림으로 왜곡하는 배타, 이기적 목적이 만들어 내는 갈등, 진부와 진보의 문화적 차이로 생겨나는 좌절들을 물리칠 단초를 바울에게서 찾을 수 있게 할 것이기 때문이다.

모두 함께 구원을 소망하다

바울: 당신의 꿈은 저를 감동시켰습니다. 어떻게 그런 꿈을 꿀 수 있었죠?

안도현[6]: 무슨……? 아……! 눈사람이 되고 싶다는 제 어릴 적 꿈 말인가요? 글쎄요. 어떻게 그런 꿈을 가졌었는지는 저도 잘 모르겠습니다. 그냥…… 그때는 눈사람이 되고 싶었지요. 참으로 간절하게…….

바울: 저도 비슷한 꿈을 꾼답니다. 저는 나비가 되고 싶어요. 김병종 화백의 그림을 본 적이 있는데, 물속에 던져진 바닷속 요나의 그림 속에 노란 나비를 한 마리 그려 놓으셨더군요. 아마도 희망을 상징하는 것이겠죠. 그 그림을 보고 생각했습니다. 저런 나비가 되었으면 좋겠다…….

안도현: 멋진 일입니다. 나비가 될 수 있다면! 우리는 '인간'이 만물의 영장이라고 말합니다. 그러나 어느 순간 돌아보면, 눈사람이나 나비나 사람이나 모두 다 같아요. 인간은 그들과 함께 사는 것이죠. 서로를 보듬으면서요. 그러나 나비가 되어 보아야지 비로소 나비를 보듬으며, 이것이 '서로 보듬는 것이로구나!' 하지, 사람으로 있는 한, 나비를 보듬지는 못할 것 같아요. 인간이 워낙 욕심이 많아서요. 그런 한에서는, 다른 사람도 역시 보듬을 수 없다는 것은 뻔한데……

'믿음으로 말미암은 구원'이 인간 사이에 놓여 있는 각종 불평등의 장벽을 허물었다는 것은 무엇을 의미하는가? 그것은 '믿음으로 말미암은 구원'을 통해서 '인간'을 보게 되었다는 것을 뜻한다. 바울은 다양한 주제를 다루면서 그것을 끊임없이 인간에 대한 이해와 결부시킨다. 믿음의 의와 율법의 의를 대립시킬 때에도, 바울은 실제로 율법을 부정적으로 다루지 않는다. 물론 각 교회의 상황에 따라서 율법에 대해서 상대적으로 강하게 비난하거나 혹은 강하게 긍정하여서 오락가락하는 듯이 보이지만, 근본적으로 율법을 부정하지는 않는다. 오히려 바울은 율법의 문제를 줄곧 인간의 문제와 연결시키며, 율법이 문제가 아니라 율법의 요구를 전적으로 실행할 수 없는 인간이 문제임을 강조한다. '믿음으로 말미암은 구원'이 율법에서 믿음으로 초점을 옮긴 것도 바로 이 지점이다.

인간이 율법의 요구를 만족시킬 수 없기 때문에, 인간은 율법의 행위로 구원을 받을 수 없다. 그러므로 '믿음으로 말미암은 구원'은 인간의 문제를 해결해 주는 열쇠의 역할을 한다. 인간의 문제는 바울에게 있어서 세 가지 관계로 나타난다. 하나는 하나님과의 관계이며 다른 하나는 타인과의 관계이고 나머지는 세상 만물과의 관계이다. '믿음으로 말미암은 구원'은 그리스도 안에서 이 관계가 어떻게 조절되고 회복되었는지를 보여 준다. 이에 대해서 바울은 다음과 같이 말한다. "모든 것이 하나님께로 났나니 저가 그리스도로 말미암아 우리를 자기와 화목하게 하시고 또 우리에게 화목하게 하는 직책을 주셨으니 이는 하나님께서 그리스도 안에 계시사 세상을 자기와 화목하게 하시며 저희의 죄를 저희에게 돌리지 아니하시고 화목하게 하시는 말씀을 우리에게 부탁하셨느니라(고후 5:18-19)."

그리스도 안에서 일어난 변화는 하나님과 인간과의 화해이다. 바울은 "우리가 아직 죄인 되었을 때에 그리스도께서 우리를 위하여 죽으셨다(롬 5:8)"고 말한다. "우리가 원수 되었을 때에 그 아들의 죽으심으로 말미암아 하나님으로 더불어 화목하게 되었다(롬 5:10)"는 것이다. '화해' 혹은 '화목'이라는 단어는 이전의 불화(不和)한 상태를 전제로 한다. 바울은 그리스도 이전에 하나님과 인간의 관계를 원수 된 관계로 정의한다. 원수 된 관계는 인간의 죄로 말미암은 것이다. 이 때문에 그리스도가 일으킨 변화는 우선적으로 하나님과 인간의 화해이며 이로서 인간은 더 이상 죄인이 아니다. 그러나 '믿음으로 말미암은 구원'은 하나님 앞에서 죄인이라는 존재론적 측면을 해결하는 데 머물지 않는다. 더 이상 원수 상태에 있지 않은 하나님과 인간의 새로운 관계는 인간에게 새로운 역할을 부여한다. 그것은 인간이 세상과 맺는 새로운 관계를 요구하기 때문이다.

인간이 세상과 맺는 관계에는 인간과 인간의 관계와 인간과 만물의 관계가 포함되어 있다. 앞에서 이미 언급한 대로, '믿음으로 말미암은 구원'은 인간과 인간 사이에 있는 각종 불의한 장벽들을 없애 주었다. 그러므로 이제 남은 것은 인간과 만물 사이에 있는 불의한 관계를 어떻게 화목하게 만드느냐 하는 것이다. 우리는, 만물과의 관계에서 바울의 시대에서는 경험하지 못했던 불화를 만들어 냈다. 하나님과 인간과의 관계에서 불의의 원천이 인간이었던 것처럼, 인간과 만물과의 관계에서도 불의의 원천은 역시 인간이다. 인간은 매우 오랫동안 만물에 대해서 신적인 위치를 누려 왔고, 지금 우리는 인간이 만물에 부린 오만의 결과를 목도하고 있다. 더욱 불길한 것은 앞으로 그 폐해는 보다 심각해질 것이라는 점이다.

구약성서의 창세기로부터, 성서는 하나님을 세상의 창조주로 드러낸다. 인간과 세상에 속한 모든 것들, 즉 만물들의 주인이 하나님이라고 천명한다. 인간은 세상의 주인이 아니다. 또한 인간은 만물보다 우위에 있지도 않다. 그럼에도 인간은 끊임없이 자신을 최고의 자리에 위치시키며 마치 모든 것이 자신의 것인 양 행동하였다. 인간의 이러한 생각을 고무시킨

것은 구약성서의 첫 장에 나오는 창조 이야기 때문이다.

하나님은 5일 동안 세상을 창조하시고 6일째 되는 날 인간을 창조하시며, "생육하고 번성하여 땅에 충만하라, 땅을 정복하라, 바다의 고기와 공중의 새와 땅에 움직이는 모든 생물을 다스리라(창 1:28)"고 명령하셨다. 오랜 역사 동안, 이 명령은 세상에 대한 인간의 지배권을 보증해 주는 것으로 이해되어져 왔다. 그러나 '생육하고, 번성하고, 다스리라'는 것이 세상을 인간 마음대로 하라는 것을 의미하지는 않는다. 그것은 인간과 세상과의 공존을 의미하는데, 공존이 되지 않으면 인간이 인간답게 살 수 없기 때문이다.

과학에서 생명에 대한 이해가 어떻게 변했는지를 길게 이야기할 것도 없이, 생명은 독자적으로 존재할 수 없다. 생명은 생명으로 존재할 수 있는 환경을 필요로 한다. 인간도 마찬가지이다. 인간이 생명을 유지하며 삶을 영위할 수 있기 위해서는 환경을 필요로 한다. 너무 뜨거워도, 너무 추워도, 인간의 삶이 얼마나 심각한 위험에 직면하는지는 더 이상의 설명을 필요로 하지 않는다. 그나마 아무리 열악하다고 하더라도, 현재로서 인간이 살 수 있는 유일한 공간은 이 '지구'뿐이다.

창조 이야기는 하나님이 세상을 창조하시며 이 공간을 어떻게 인간이 존재할 수 있는 환경으로 만들어 놓으셨는지를 보여 준다. 역으로, 그 창조 질서를 파괴하고는 인간이 존재할 수 없다는 것도 함께 실감하게 한다. 그러나 우리는 하나님과 원수 되었던 것처럼, 세상의 만물과도 원수 되었다. '믿음으로 말미암은 구원'을 통해서 인간과의 화해뿐 아니라 세상과의 화해가 필요한 것은 이 때문이다. 이 화해가 이루어지지 않는다면, 아무리 하나님과 화해하고 인간과 화해했다고 한들, 인간이 그 화해를 누릴 공간이 존재하지 않는 처참함을 경험할 뿐이다.

그러므로 바울은 그리스도 안에서의 인간의 화해를 이야기하는 첫 부분에서, "누구든지 그리스도 안에 있으면 새로운 피조물이라. 이전 것은 지나갔으니 보라 새것이 되었도다(고후 5:17)"고 선언한다. 하나님과 화해하고 세상과 화해하는 존재를 '새로운 피조물'이라고 부르는 것이다. 새로운 피조물이란 새로운 생명의 획득을 의미하며, 이것은 바울에게 있어서 새로운 관계 외에 다름이 아니다.

더 이상 하나님과 원수 되지 않은 관계, 더 이상 다른 인간과 원수 되지 않은 관계, 더 이상 만물과 원수 되지 않은 관계, 이것이 새로운 피조물이다. 그리스도 안에서 새롭게 되었다는 것은 바로 이런 것이다. 이전에 가능하지 않았던 관계를 형성하면서 새로운 세상과 새로운 질서를 만들어 가는 것이다. 그러므로 원수 된 상태에서 화해한 상태로의 전환은 인식의 변화를 필요로 한다. 하나님을 어떻게 볼 것인가? 타인을 어떻게 볼 것인가? 세상을 어떻게 볼 것인가? 하나님으로부터 시작한 궁극적인 인식의 변화가 세상에 대한 이해와 연관된다는 것은 매우 중요하다. 그것은 인식의 폭을 넓힘으로써 수용할 수 있는 한계를 확대시키기 때문이다.

"피조물도 썩어짐의 종노릇한 데서 해방되어 하나님의 자녀들의 영광의 자유에 이르는 것이니라. 피조물이 다 이제까지 함께 탄식하며 함께 고통하는 것을 우리가 아나니 이뿐 아니라 또한 우리 곧 성령의 처음 익은 열매를 받은 우리까지도 속으로 탄식하여 양자 될 것, 곧 우리 몸의 구속을 기다리느니라(롬 8:22-23)"는 바울의 고백은 구원에 대한 인간의 바람과 피조물의 바람을 동일 선상에 놓는다. 그리스도 안에서 새로운 피조물이 된 바울은 만물의 탄식 소리를 듣는다. 이 탄식은, 이미 구원받았지만 온전한 구원을 기다리는 믿는 자들의 탄식과 다르지 않다.

그러므로 인간의 구원과 만물의 구원 사이에 순서의 차이가 있지 않으며 질적인 차이도 없다. 세상의 고통은 인간의 고통과 다르지 않기에, 인간의 구원은 세상의 구원과 또한 분리되지 않는다. 구원에서조차 너와 나를 가르고, 편을 갈라 다른 이들을 내 쪽으로 끌고 와야 직성이 풀리고, 나의 옳음이 인정받아야 마음이 풀리는 현실을 돌아본다면, 만물의 탄식과 인간의 탄식을 하나로 들을 수 있는 바울의 넓이는 구원의 의미를 다시금 되새기게 한다.

무릇 구원이 새로운 생명을 얻는 것이며 새로운 생명은 새로운 관계로의 진입이라면, 구원의 깊이는 관계의 넓이와 비례한다. '믿음으로 말미암은 구원'을 통해서 인간 사이에 막혀 있는 모든 담을 헐어 버린 바울은, 마지막으로 인간과 만물 사이에 놓인 담조차 무너뜨림으로써, 구원받은 인간으로 산다는 것의 의미와 책무가 무엇인지를 보여 준다. 인간들의 이기(利 己)와 탐욕이 만들어 낸 심각한 폐해를 우리만큼 경험하지 못한 그이지만, 바울은 이미 오래 전에 세상의 탄식을 들었다. 그가 그것을 전하는 것은, 그 탄식을 함께 듣지 못한다면 세상에는 희망이 없다고 말하려는 것은 아닌지 모르겠다.

자유를 실천하다

리프킨[7]: 자유에 대한 생각은 참 다양합니다. 미국인들은 자유를 자율과 동일시했죠. 자유로운 사람은 타인에게 의존하지 않고 자기 영역 밖의 상황에 영향을 받지 않는다고 생각합니다.

바울: 미국을 지배하고 있는 시장경제의 영향이죠. 그들은 독립적이기 위해서 재산을 가져야 한다고 생각합니다. 재산을 소유하면 그 영역을 독점하며 자유를 누릴 수 있다고 생각하죠. 그렇지요? 그러나 유럽인들의 생각은 다르지요?

리프킨: 네, 그렇습니다. 유럽인들은, 어딘가에 '소속되어 있음'으로 자유를 보장받을 수 있다고 생각합니다. 타인과

의 상호 의존 관계를 통해서 자유라는 개념을 만들어 내기 때문입니다. 그러므로 유럽인들은 많은 공동체에 소속될수록 의미 있는 삶을 살 수 있는 선택권이 넓어진다고 생각하고, 그것을 자유로 받아들입니다.

바울: 참들 제 각각이군요. 그 때문에 유럽의 계몽주의 철학자들과 18~19세기 법학자들은 새로운 의미의 자유를 매우 부정적인 개념으로 정의했지요. 중세 유럽은 교회나 봉건 영주, 기술 길드, 그 외의 여러 권위로부터 벗어나려는 근대적 움직임을 불안한 것으로 치부했으니까요. 당시에, 새로운 자유는 타인을 배제할 수 있는 권리라고 생각되었습니다. 역사는 참 재미있습니다. 우리에게 익숙한 것들이 얼마나 많은 변화를 겪었는지 보여 주니까요. '당근이지!'라고 할 만한 것은 그다지 많지가 않네요.

그리스도 안에서 일어난 변화, 새로운 생명과 새로운 관계로 인해서 인간이 얻은 것은 자유이다. 바울은 인간을 두 부류로 나눈다. 그리스도에 속한 자와 그렇지 못한 자이다. 이러한 이해는 특히 아담과 그리스도의 대조를 통해서 드러나는데, 바울에게 인간은 아담에게 속해 있거나 그리스도에게 속해 있다. 아담에게 속해 있는 자는 아담과 같은 죄를 짓지 않았다고 하더라도 아담의 불순종의 맥락에 있는 자이며 아담이 가져온 불의에 속해 있는 자이다. 바울은 이러한 자들을 '육신에 속하여 죄 아래 팔린 자'라고 말한다. 이들은 죄에 속한 자이며 죄의 노예, 즉 죄의 종이 된 자이다. 죄의 종노릇을 하고 있는 동안, 인간에게는 자유가 없다. 비록 인간 스스로 자유로운 존재라고 생각할지라도 바울에게 있어서 그것은 자유가 아니다.

바울은, 진정한 자유란 그리스도에 속함으로써 비로소 주어진다고 생각한다. 아담과 같은 행위를 하지 않았어도 그리스도가 오기 전까지 아담의 그늘에서 벗어날 수 없었던 것처럼, 율법의 행위를 하지 않았어도 그리스도에 대한 믿음은 존재를 변화시킨다. '믿음으로 말미암은 구원'은 인간을 아담에게서 그리스도로 옮기며, 그는 그리스도에게 속한 자로서 그리스도의 종이 된다. '종'이라는 개념이 구속(拘束)과 부자유(不自由)와 결부되어 있지만, 바울의 자유는 분명히 예수 그리스도로부터 나온다. 그러므로 그리스도의 종이 되는 것은 진정한 자유를 얻는 것이다.

결국 바울에 있어서 자유란 주인을 바꾸는 것이다. 아담에서 그리스도로 주인을 바꾸어 그리스도의 '종'이 될 때, 진정한 자유가 주어진다고 생각하기 때문이다. 자유를 '무엇이든지 마음대로 할 수 있는 것'이라고 생각한다면, 그것은 바울이 이야기하는 자유와 다르다. 자유는 분명한 소속감의 표출이며 자신의 의지가 아니라 주인의 의지를 실현하는 것이기 때문이다. 그러나 무엇보다도 자유의 개념뿐 아니라, 자유를 실현하는 방식에도 바울의 특성이 잘 나타난다.

바울의 교회들에는 각 지역의 상황에 따라 여러 가지 문제들이 있었다. 이방교회들의 공통적 문제들 중 하나는 고기와 관련된 것이었다. 이방세계에서 시장에 나오는 대부분의 고기는 이방제의 때 사용된 것들이었다. 다신교 사회 속에서 유일신 신앙을 갖고 있는 유대교나 그리스도교에 있어서 이러한 고기들은 언제나 걸림돌이 되었다. 어떤 이들은 신은 하나밖에 없으니 이방신전에 바쳐졌던 고기라도 문제 될 것이 없다고 생각하는 반면, 어떤 이들은 다른 신들에게 바쳐졌던 고기는 우상에게 드려졌던 제물이기 때문에, 우상숭배를 엄격하게 금하는 신앙적 입장에서 받아들일 수 없다는 것이었다.

고린도교회나 로마교회 모두에서 이러한 문제가 발생하였다. 이에 대해 바울은 고기의 문제를 사람의 문제로 바꾸어 해결책을 제시한다. 이때 사람에게 관건이 되는 것이 바로 '자유'이다.

바울의 입장에서 보자면, 하나님 이외에 다른 신은 없다. 그러므로 이방신전에 바쳐졌던 고기라고 하여서 그것이 문제 될 이유는 없다. 그것은 그냥 고기일 뿐이다. 그러므로 그것을 먹는다고 신앙에 해가 되는 것도 아니다. 그러나 바울은 교회의 구성원들에게 '고기를 먹어라'고 권면하지 않는다. 오히려 '고기를 먹지 말라'고 한다. 더 정확히 표현하자면, '나라면, 고기를 먹지 않겠다'고 단언함으로써, 고기를 먹지 말 것을 종용한다.

바울이, 이방신전에 드려졌던 고기를 먹지 않는 것은 고기 때문이 아니라, 사람 때문이다. 이방신전에 사용되었던 고기를 먹을 때마다 마음에 걸려 하고 신앙적 두려움을 가지고 있는 사람들 때문이다. 바울은 이들을 '믿음이 약한 자들'이라고 말하며 무엇이든 먹을 수 있다고 생각하는 '믿음이 강한 자들'에게, 비록 그것이 교리적으로 문제가 없다고 하더라도, '약한 자'들을 위해서 자신의 행동을 조심해 줄 것을 당부한다.

행동에 대한 이러한 조심을 다른 말로 하자면, '자유의 유보'라 할 수 있다. 믿음이 강한 자들에게는 고기를 먹을 자유가 있다. 그 자유는 교리적으로 틀리지 않은 완벽하고 올바른 자유이다. 그럼에도 불구하고 믿음이 강한 자들이 그 자유를 몽땅 사용하는 것은 옳지 않다. 그들의 자유 때문에 믿음이 약한 자들이 고통을 받을 수 있기 때문이다.

그러므로 바울 자신이라면 다른 이들의 믿음을 생각해서 자신에게 가능한 일들을 포기하겠다고 선언함으로써, 바울이 그리스도인들에게 원하는 것이 무엇인지를 보여 준다. 분명한 것은, 바울이 먹을 수 없기 때문에 먹지 않는 것이 아니라는 사실이다. 바울은 자신이 자유인이며 자신이 원하는 것을 할 수 있음을 강조한다. 이방신전에 드려졌던 고기를 먹는 일은 그리스도 안에서 문제되지 않는다. 그것은 신앙에 근본적인 것이 될 수 없으며 삶의 양식일 뿐이다. 그러나 바울은 이 일에 '자신의 자유를 스스로 억제하는 자유'를 사용한다.

바울의 활동의 융통성은 이로부터 나온다. 바울은 신학자이며 선교자이지만, 그의 신학은 소위 책상에서 만들어진 것은 아니다. 그는 산을 넘고 강을 건너 많은 사람들을 만났으며 그들에게 복음을 전하면서 자신의 복음의 내용을 만들어 간 사람이다. 그의 신학에 나타난 '모순'이나 그의 행동에 나타난 '일관성 없음'은 그의 삶과 신학이 이처럼 현장에 뿌리박고 있기 때문이다. 바울은 이론을 세우고 그것을 현실에 접목한 것이 아니라, 자신이 선교의 현장에서 깨달은 것들을 편지로 우리에게 소개해 주었을 뿐이다. 그에 대해서 이론을 만든 것은 바울이 아니라 후대의 신학자들이라 할 수 있다.

단지 바울이 초대교회의 다른 이들보다 좀 더 이론적으로 보이는 것은, 그가 논쟁적이기 때문이다. 그는 많은 적대자들과 싸워야 했고 그들에게 자신의 복음을 설득력 있게 소개해야 했다. 이 때문에 바울의 편지에는, 그가 이론적 체계를 의도하지 않았다고 하더라도, 논쟁적인 수사학적 전개와 논리적 설득의 과정들이 가득 들어가 있다.

이러한 과정에서, 바울은 자신의 폭넓은 삶의 양식을, "율법 없는 자에게는 내가 하나님께는 율법 없는 자가 아니요 도리어 그리스도의 율법 아래 있는 자나 율법 없는 자와 같이 된 것은 율법 없는 자들을 얻고자 함이라. 약한 자들에게는 내가 약한 자와 같이 된 것은 약한 자들을 얻고자 함이요(고전 9:21-22)"라고 요약한다. 바울은 몇몇 사람들을 구원하기 위해서, 그들에게 맞는 여러 모양으로 자신을 변형시킨다. 강한 자이지만 약한 자처럼, 유대인이지만 이방인처럼!

바울은 이것이 자신을 비논리적인 모순덩어리로 만들고, 이 때문에 사람들에게 이해받는 것이 더욱 어려워진다는 것을 알지만, '~처럼'의 삶을 포기하지 않는다. 그것은 대립과 갈등을 극복할 뿐 아니라, 다른 사람을 살릴 수 있는 가장 적극적인 방법이기 때문이다. 이 '~처럼의 삶' 한가운데 자유의 포기가 있다. 약한 자처럼 살기 위해서는 강한 자로서 자신이 누릴 수 있는 자유를 포기해야 한다. 이방인처럼 살기 위해서도 마찬가지이다. 그는 유대인으로서 누릴 수 있는 자유를 포기하였다. 그 때문에 많은 고통이 따랐지만, 바울에게 그것은 부수적이며 중요하지 않다.

그러므로 바울은 조그마한 자유도 포기하지 못하는 자들을 때로는 강하게 질책한다. 먹는 문제는 이방제의에 드려졌던 고기와만 연결된 것은 아니다. 초대교회들은 예배 후에 함께 식사를 나누었다. 공동식사 형태의 이것은 예수의 식탁에 기원을 둔 중요한 모임이었다. 그런데 여기서 문제가 발생하였다. 함께 모여서 먹어야 하는 식사에서, 어떤 이들은 먼저 먹고 어떤 이들은 나중에 먹게 된 것이다. 그러다 보니 나중에 먹는 자들은 음식이 모자라서 제대로 먹지도 못하는 일들이 벌어졌다.

누가 먼저 먹었을까? 혹은 누가 감히 먼저 먹을 수 있었을까? 인종적, 성적, 사회적으로 다양한 구성원으로 이루어진 바울의 교회들에서, 신분이 높은 자들이 먼저 먹을 수 있었을 것이다. 이에 대해서 바울은 먼저 먹는 사람들에게, "너희가 먹고 마실 집이 없느냐? 너희가 하나님의 교회를 업신여기고 빈궁한 자들을 부끄럽게 하느냐?(고전 11:22)"고 힐문한다. 그들의 식사는 예수에게서 기원한 식탁의 의미를 훼손시켰으며 공동체를 하나로 묶는 것을 방해했기 때문이다.

공동식사는 교회가 그리스도 안에서 하나임을 드러내는 상징이다. 이러한 중요한 상징이 파기된 원인은 먼저 먹을 수 있었던 힘 있는 자들이 자신들의 자유를 포기하지 않았기 때문이다. 자유의 유보에서 중요한 것은, '누가 자유를 포기할 것인가?'이다. 바울은, 공동체에서 믿음이 강한 자들, 권세가 높은 자들에게 이것을 요구하며, 바울 스스로도 사도로서 복음을 위해 자신의 자유를 포기한다. 그것은 자신이 그리스도에게 속해 있으며 그리스도에게 속한 자로서 다른 사람과 어떻게 관계를 맺을 것인지를 보여 주는 것이다.

이로써 바울은, 그리스도에게 속함으로써 부여된 자유의 속성과 그것을 실천하는 것의 의미가 어떠한지를 드러낸다. 바울은 자신의 자유를 맘껏 즐기는 자들을 그리스도에게 속한 자들이라고 생각하지 않는다. 그리스도 안에서의 자유는 그리스도와 함께 함으로써, 그리고 그리스도의 사람들과 함께 함으로써 실현되기 때문이다.

그러나 그리스도의 사람들이란 누구인가? 그리스도를 사랑하는 사람들일뿐 아니라 그리스도가 사랑하는 사람들이 아닐까? 그리스도의 사랑의 범위가 어떠한지를 안다면, 그리스도인의 자유의 범위 또한 어떠할 것인가!

사랑을 찾다

바울: 성공을 위해서 사랑을 버렸던 남자의 이야기를 재미있게 꾸려 놓았더군요.

뮈소[8]: 고맙습니다. 성공 때문에 사랑을 버렸다는 표현보다, 이왕이면…… 사랑을 찾아가는 남자의 이야기라고 보아 주시면 더 고맙겠는데요. 시간이 오래 지난 후지만, 남자는 자신의 인생에서 잃어버린 것이 있다는 사실을 알아챘으니까요. 그것을 알면, 찾게 되는 거죠.

바울: 안다고 다 찾을 수 있다면 얼마나 좋겠습니까! 엘비스 프레슬리의 노래처럼, '지금 하거나 영원히 하지 않거나!' 한번 잃은 것을 다시 찾는 것의 수고로움은 말할 수 없지요.

뮈소: 그렇습니다. 그것은 수고로운 일이죠. 목숨을 걸 만큼이요. 사랑을 찾기 위해서라면 운명을 바꾸는 수고 정도는 참아 내야 하지 않을까요? 단, 중요한 것은 그 수고가 '돌이킬 수 없는 지점'에 이르기 전에 이루어져야 한다는 것입니다. 그렇다면 사랑을 얻을 수 있죠. 사랑으로 완성된 삶을 말입니다!

자유의 범위를 넓힌다는 것, 더 많은 사람들을 위해서 부여받은 자유를 유보시킨다는 것은 그리 쉬운 일은 아니다. 이 '자유의 유보'를 다른 말로 표현하면 사랑이라 할 수 있다. 바울은 물론 예수 당시에, 사랑을 나타내는 통상적인 단어는 에로스(eros)와 필리아(philia)였다. 에로스는 종종 성적인 의미의 사랑으로 이해되는데, 격렬한 사랑을 나타낼 때 사용되곤 한다. 사랑받는 대상의 가치나 매력은 에로스적 사랑을 일깨우며 또한 그것을 추구하게 하는 요인으로 작용한다. 필리아는 마음을 즐겁게 하는 어떤 것에 대한 일반적인 호의를 뜻한다. 아마도 '우정'이라는 말로 적절하게 표현될 수 있는 단어이다. 필리아의 사랑은 로마제국 아래에 있었던 예수 당시의 사회적 관계를 드러내 주는 것이기도 하다.

로마제국의 사회적 구조는 후원자 제도(patron-client)를 바탕으로 한다. 후원자 제도란 후원자(patron)가 피후원자(client)의 삶을 보장해 주고 그로부터 받는 충성으로 자신의 힘을 유지하는 제도이다. 후원자와 피후원자는 일종의 고리를 형성해서 누군가의 피후원자는 자신의 밑에 있는 또 다른 누군가의 후원자가 되면서 커다란 피라미드 구조를 만든다. 위로 올라갈수록 후원자의 수는 적어지고 힘은 그들에게 집중되기 때문에, 위에 있는 후원자의 권한은 더욱 막강해진다. 반대로 아래로 내려갈수록 피후원자의 수가 많아지고 그들에게는 받은 만큼 돌려주어야 할 의무가 많아진다. 피라미드의 아래쪽에 있는 자들에게는 권리보다 책무가 더 많이 요구되기 때문이다.

후원자 제도는, 구조적으로 로마제국의 엘리트들이 힘을 유지하게 하는 데 기여했으므로, 정치적인 힘이 제국의 손에 집중되면서 후원자들의 지배력은 더욱더 커져 갔다. 후원자들은 그들에게 주어진 큰 힘을 자신들의 피후원자에게 베풂으로써, 반복되는 은혜와 의무의 구조를 통해서 엘리트들의 힘은 더욱 공고히 유지되었다. 그러나 힘의 상징으로서 후원자 제도는 단순히 은혜와 의무라는 사무적 관계로만 유지될 수 있는 것은 아니었다. 더 많은 피후원자를 가진 후원자가 자신들의 힘을 더 크게 늘릴 수 있었고 더 힘이 센 후원자와 함께 있는 것이 피후원자들에게 힘이 되는 일이었으므로, 이 상호성을 유지하기 위해서 후원자와 피후원자 사이에는 공적인 관계 이상의 것들이 필요했기 때문이다. 그러므로 후원자와 피후원자의 친밀한 관계는 '절친한 친구'로 묘사되었다. 후원자와 피후원자 사이에 '우정'이라는 개념이 들어가는 것은 이 때문이다.

후원자와 피후원자는 단순한 상하관계를 넘어서 우정의 관계를 이루었고, 이러한 친밀성을 통해서 후원자는 피후원자의 수에 비례해서 자신의 힘과 명예를 키워 나갔다. 그러므로 은혜/보호와 의무/충성으로 얽혀진 후원자 제도는 로마 사회에서 권력을 확장하는 중요한 수단이었다. 이러한 맥락에서 필리아는 아마도 '의리'라고 이해해도 무방할 것이다. 자신이 받은 것에 대한 사랑, 즉 자신을 즐겁게 해 준 것에 대해서 다시 그 즐거움을 되돌려주는 것, 필리아는 이러한 사랑을 의미하기 때문이다.

그러나 신약성경에서 사용되는 사랑, 예수에게 적용된 사랑은 아가페(agape)라는 단어이다. 아가페는 1세기에는 매우 드문 단어로서, 그리스도교의 사랑을 나타내는 특별한 단어이다. 아가페는, 다른 방식으로는 전혀 사랑받을 만한 가치가 없는 대상에게 가치를 부여하는 사랑을 의미한다. 즉, 사랑받을 만한 자격이 없는 사람을 사랑하는 것이다. 사랑받을 만한 자격이 없는 사람이란, 에로스의 사랑을 느끼게 하는 가치나 매력이 없을 뿐 아니라, 필리아의 사랑을 받을 만큼 즐거움을 주지도 못하는 존재이다.

그러므로 사랑하는 사람에게 어떤 것도 해 줄 능력이 없는 존재에 대한 사랑을 아가페라 한다. 사랑받을 만한 이유가 없는 존재에게 사랑받을 수 있는 의미를 부여하여 그를 사랑받을 수 있는 존재로 만들어 주는 것이 아가페이다. 하나님의 사랑을 아가페로 표현하는 것은, 그것이 죄로 말미암아 사랑받을 수 없었던 인간에게 새로운 가치를 부여하고 인간을 사랑할 만한 존재로 만들어 주었기 때문이다.

아가페의 사랑과 필리아의 사랑은, 사랑을 베푸는 대상에서 차이가 난다. 필리아는 사랑하는 사람에게 즐거움과 기쁨, 보람을 줄 수 있는 존재에 대한 사랑인 반면, 아가페는 그 자체로는 사랑하는 사람에게 어떤 것도 줄 수 없는 존재에 대한 사랑이기 때문이다. 그러나 아가페의 사랑은 그것을 통해서 사랑받을 수 없었던 무가치한 존재의 의미를 바꾸어 준다. 아가페의 사랑은 사랑받은 사람이 새롭게 태어날 수 있도록 해 주는 것이기 때문이다.

이러한 의미에서 아가페의 사랑은 혁명적이다. 아가페는 존재를 바꾸어 줌으로써, 새로운 질서 속에서 이전에 가능하지 않았던 삶을 영위할 수 있게 한다. 필리아가 기존의 후원자 제도를 공고히 하고 우정과 의리를 통해서 기존의 관계를 더욱 친밀하게 만들어 준다면, 아가페는 기존의 질서 속에서 가치 없이 무의미한 시간을 보내던 자들을 그 질서 밖으로 끌어내어 새로운 삶을 부여함으로써, 기존의 질서를 뛰어넘는 새로운 질서를 만들어 낸다.

그러므로 아가페의 사랑이 보여 주는 것은 전복성이다. 사랑은, 단순히 감정적이고 정서적인 것이 아니다. 아가페의 사랑은, 기존의 질서, 특히 로마의 엘리트 권력을 유지시켜 주는 후원자 제도를 암묵적으로 파괴시킨다. 은혜를 '주고' 충성을 '받는' 후원자와 피후원자의 관계 속에서, 보상할 것이 없는 사람에 대한 사랑은 돌아올 것을 기대하지 않는 사랑이며 '되갚음'의 요구를 전제로 하지 않기 때문이다.

후원자 제도의 바탕을 이루는 필리아의 사랑은 사랑받는 사람에게 의무를 부과함으로써, 사랑받는 사람을 사랑을 베푼 사람에게 지속적으로 종속시킨다. 그러나 애초에 사랑받을 자격이 없는 무익한 자에 대한 아가페의 사랑은, 받은 사랑에 대한 의무를 기대하지도 요구하지도 않음으로써, 사랑받은 사람을 사랑을 베푼 사람에게 종속시키지 않는다. 아가페는 전적으로 사랑을 받은 사람을 위한 것이기 때문이다. 무가치한 자가 사랑을 받고 가치 있는 자가 되면 그뿐이다. 그가 새로운 삶을 살 수 있다면, 아가페는 그것으로 만족한다.

이러한 아가페의 사랑은 분명히 기존의 사랑, 필리아에 대한 공격이며 그 사랑으로 유지되고 있는 질서에 대한 비판이다. 이러한 비판을 통해서 아가페는 새로운 질서를 만들어 나간다. 이러한 맥락에서, 아가페가 그리스도교에서 사용한 독특한 단어라는 것은 의미가 있다.

예수는 '하나님 나라'를 선포함으로써, 세상의 질서에 대립하는 하나님의 지배, 하나님의 통치에 대한 비전을 제시하였다. 바울은, 예수와 같이 하나님 나라를 선포하지는 않았다. 그러나 하나님 나라와 유사한 의미의 '하나님의 의'를 강조하였다. 하나님의 의는 모든 사람을 구원하기 위해서 예수 그리스도를 통해서 일으킨 하나님의 구원 사건을 의미한다.

바울에게 있어서 그리스도교란 이러한 하나님의 의를 경험한 공동체이다. 이것은 로마제국의 질서와 그리스도교를 구별하는 매우 중요한 특징이다. 로마를 구조적으로 떠받치고 있는 후원자 제도 속에서, 후원자와 피후원자가 만들어 내는 피라미드의 맨 꼭대기에는 로마의 신들이 자리한다. 신들은 대표적인 은혜자로서 로마제국의 영광을 유지시켜 주는 존재이기 때문이다. 후원자 제도는 단순히 정치적, 사회적 구조에만 영향을 끼친 것이 아니라 종교와 정치가 분리되지 않았던 당시에 로마제국 자체를 유지해 주는 역할을 한 것이다.

이러한 상황에서 바울은 하나님의 의를 선포함으로써, 그리스도교 공동체가 로마의 신들이 만들어 내는 질서와 다른 질서를 따르고 있음을 보여 준다. 그리스도교는 로마의 신들이나 그들의 정치적, 경제적 후원자의 힘을 덧입고 있지 않다. 그들은 '하나님의 의'에 힘입은 자들이고 필리아가 아니라 아가페의 사랑을 경험한 자들이다. 그러므로 로마제국의 눈에는 무가치한 자들로 보일지라도 이미 새로워진 존재들이며 기존의 질서에 매몰되지 않는 자들이다. 이 때문에 그리스도교는 새로운 질서를 표방하는 대안공동체의 기능을 한다.

새로운 질서를 가능하게 하는 것은, 후원자와 피후원자로 구성된 위계질서와 그것들을 유지시키는 기존의 필리아적 질서를 비판하는 아가페이다. 그러므로 바울은 고린도교회에게 이 사랑의 중요성을 강조한다. 유명한 구절, "믿음, 소망, 사랑, 이 세 가지는 항상 있을 것인데 그중에 제일은 사랑이라(고전 13:13)"는 단순히 감정적 사랑의 중요성을 이야기하는 것이 아니다. 여기서 말하는 사랑은 끝없이 위계질서를 만들어 내는 사람들의 볼썽사나운 구태(舊態)를 새 질서로 만드는 기재이다. 사랑은, 누군가를 자신의 밑에 두고 그에게 무엇인가를 요구하며 누군가를 자신에게 종속시키며 그것으로 위계(rank)를 만들지 않기 때문이다.

후원자 제도를 바탕으로 구성된 로마제국의 위계질서(hierarchy)가 피라미드의 아래쪽 사람들에게 부과하는 의무는 끝없는 불평등과 불의, 대립과 갈등을 만들어 낼 수밖에 없었다. 큰 조직에서든 작은 조직에서든 수직적으로 형성된 위계질서는 사랑받는 사람에게 짐을 지우기도 하며 심지어 어떤 사람들은 사랑받을 자격이 없는 사람으로 규정짓기도 하기 때문이다.

그러나 바울은 그리스도교 공동체에 아가페의 중요성을 통해서, 사랑받을 가치가 없는 사람은 아무도 없다는 것을 강조한다. 아가페의 사랑은, 자신이 가진 것으로 누군가를 사랑하며 그에 대한 우월함을 누릴 수 없게 만들기 때문이다. 어떤 이들은, 문제를 해결하는 데 있어서 사랑은 진부한 대안이라고 생각할지 모르겠다. 그러나 사랑이 갖고 있는 혁명성(革命性)을 기억한다면, 사랑은 불평등을 타파하고 새로운 삶을 가능하게 하는 유일한 열쇠이기도 하다. 바울이, 분란이 생긴 교회에 사랑을 대안으로 내놓는 것은 이 때문이다.

끝없이 낮아지다

바울: 고명한 철학자께서 저를 논해 주시니 황송할 뿐입니다. 그런데 21세기에 되살아난 바울이 아니라 그냥 21세기 바울로 만들어 주셔서 어딘지 낯선 느낌이 있는데…….

바디우[9]: 그렇습니까? 1세기 때의 당신의 사유가 저에게 너무나 친숙한 나머지……. 1세기의 상황을 모조리 제거하기는 했지만, 당신의 사유의 특징은 바로 잡아내지 않았습니까? 표징을 구하는 유대적 담론과 지혜를 묻는 그리스적 담론과 전혀 다른 당신의 특징은 명확히 드러냈다고 보는데요

바울: 맞습니다. 제가 말하려는 새로운 질서를 '사건에 대한 선언'이라는 새로운 언어로 단장해 놓으셨더군요. 동의합니다. 더욱이 그리스도라는 사건 속에서 어리석음, 추문, 약함이 어떻게 기존의 힘과 질서를 대체하는지를 잘 보

여 주셨습니다. 제가 강조하려는 것이 바로 그 '존재론적 전복'이라는 것입니다.

바디우: 잘 알고 있습니다. 아마도 제가 '찌꺼기의 주체성'이라고 말한 그것이지요? 자신의 약함을 알고 스스로 찌꺼기로 입증되는 그 순간에 그리스도라는 사건이 일어나게 되는 것이지요.

1세기에 그리스도교에서 강조하던 아가페의 사랑이 가지고 있는 전복성(顚覆性)은, 그리스도교가 로마의 질서와 대립적 구도를 갖고 있음을 보여 준다. 이를 통해서 바울은 기존의 위계질서를 비판하며 교회 안에 새로운 질서를 요구함으로써, 교회의 존재가 세상에 대해서 비판적 기능을 수행할 수 있도록 한다. 그러나 물론, 바울은 기존 질서에 대한 비판을 드러내 놓고 하지 않는다. 오히려 겉으로는 로마에 대해서 순응적 모습을 보이기도 한다.

오랫동안 논란이 되어 왔던 것은 "각 사람은 위에 있는 권세들에게 굴복하라 권세는 하나님께로 나지 않음이 없나니 모든 권세는 다 하나님이 정하신 바라(롬 13:1)"와 같은 구절이다. 모든 권세에 대한 인정은 결국 불의한 로마제국을 묵인하는 것이기에, 바울은 불의한 제도에 눈감는 비열하거나 나약한 체제 유지적 인물로 평가되었다. 바울에 대한 이러한 의혹은, 오네시모라는 노예를 그의 주인인 빌레몬에게 추천하는 편지에서 다시 한 번 제기된다. 바울이 감옥에 갇혀 있었을 때, 그는 그곳에서 주인에게서 도망쳤다 감옥에 붙잡혀 온 오네시모라는 노예를 만났다. 오네시모는 바울을 통해서 예수를 믿게 되었고, 이제 바울은 그의 주인이었으며 그리스도인 빌레몬에게 오네시모를 다시 받아줄 것을 부탁하는 편지를 쓴다. 노예를 주인에게 돌려보내면서 바울은 왜 불의한 노예제도에 대해서 한마디도 언급하지 않는가?

그러나 이러한 의혹과 평가들은 바울에게 부당한 측면이 있다. 바울이 복음을 전하며 그 시대에 요구하는 하나님의 말씀을 전한 자이기는 하지만, 혼자서 시대적 문제를 모두 해결할 수 있는 사람도 아니고, 그 시대와 전적으로 분리된 듯 시대를 뛰어넘을 수 있었던 사람도 아니다. 다만 바울은 그의 역할 속에서 자신이 할 수 있는 일을 자신의 방식으로 할 뿐이다. 그의 관심은 복음을 전하는 것이었고, 어떠한 편견과 차별도 없이 소외되었던 사람들을 하나님의 백성 안으로 모으는 것이었다. 편견과 차별에 대한 인식이 있었다는 것은, 시대적 문제를 포착할 수 있는 바울의 통찰력을 분명하게 드러내 준다.

그러나 자신의 통찰력을 실현시키는 데 있어서 바울의 접근은, 오늘날의 입장에서 보자면 사회학적이거나 정치학적인 것은 아니었다. 그의 방식은 종교적인 것이었다. 그는 새로운 공동체를 통해서 그것을 실현하려 했을 뿐, 사회와 정치 전반에서 자신의 목소리를 내는 것에 관심이 있지는 않았다.

그러나 종교와 정치가 분리되지 않았던 시절이었기에, 바울이 종교적 접근을 했다고 하여서 사회적, 정치적 기능을 벗어날 수 있는 것은 아니었다. 아가페 사랑이라는 종교적인 주제를 통해서 사회비판적 의미를 찾아낼 수 있는 것은 이 때문이다. 바울은 교회의 질서가 기존의 질서와 전적으로 다르다는 것을 통해서 거대한 힘을 자랑하는 로마제국과 권위를 자랑하는 유대교를 비판하며 교회의 대안적 역할을 강조한다.

바울의 관심은 이것이다. 그 자체의 새로움을 견지하며 그것으로 다른 것을 구습(舊習)으로 만드는 것이다. 즉, 그는 교회 '안'의 새로운 질서를 통해서 그것이 교회 '밖'에 비판적 기능을 수행할 수 있도록 하는 것이다. 그러므로 '밖'의 제도나 사람에 대해서 말하지 않는다는 것이 세상에 대한 바울의 무관심을 의미하지는 않는다. '밖'의 사람이 '안'으로 들어와서 그들에 의해서 교회가 형성되는 것이라면, 그들에 의해서 '안'의 질서는 언제든지 '밖'으로 나갈 수 있기 때문이다. 이때 바울이 요구하는 것은 '안'의 질서가 '밖'의 것과 달라야 한다는 것이다. '안'이 주는 파괴력, 그리스도 복음의 진정성은 그로부터 나오는 것이기 때문이다.

그러므로 바울이 가장 경계하는 것은 '밖'의 질서가 '안'의 질서를 잡아먹는 일이다. '안'의 질서와 '밖'의 질서가 동일하다면 바울은 그것을 교회라고 부르지 않는다. 하나님의 백성이라면 그에 맞는 하나님의 통치가 실현되는 질서를 보여 주어야 하기 때문이다. 이러한 맥락에서, 한편으로 바울이 체제유지적으로 보인다고 하더라도, 그것은 그의 본래적 의도는 아니다. 노예제도를 비판하지 않지만, 노예인 오네시모와 주인인 빌레몬에게 '형제 됨'을 요구하는 것은 파격적인 것이다(빌 16-17). 마찬가지로 로마의 권세에 대해서도, 그것을 드러내 놓고 공격하지 않지만, "두려워할 자를 두려워하고 존경할 자를 존경하라(롬 13:7)"고 말함으로써, 진정으로 복종해야 할 대상이 누구인가를 상기시킨다.

기존의 질서를 비판하는 바울의 태도는 세상 법정에 송사하는 것을 금하는 데서 분명히 드러난다. 고린도교회에서, 교회 안의 사람들 사이에 일어난 불화를 교회 밖의 법정으로 가져가는 일이 발생했다. 이에 대해서 바울은 교회 안에서 일어난 일을 세상의 법정으로 가져가는 것이 옳지 못함을 지적한다. 이것은 일반적으로 '교회 일을 세상으로 가져가지 말라'는 권고로 해석된다.

그러나 새로운 질서라는 바울의 전체적 맥락을 고려하여, 당시에 '소송은 왜 일어났는가?' 혹은 '소송은 누가 누구에게 하는 것인가?'와 같은 질문을 던져 본다면, 새로운 의미를 찾을 수 있다. 소송 문제는, 당시 사회를 구조적으로 떠받치고 있었던 후원자 제도를 배경으로 한다. 동서고금을 막론하고 아랫사람이 윗사람을 고소하는 일은 일반적이지 않다. 일반적인 것은 윗사람이 아랫사람을 고소하는 것이다. 당시에 고소는, 힘없는 사람이 법의 힘을 빌려 자신의 정당성을 변호하는 데 사용되기보다, 힘 있는 사람이 법의 힘으로 자신의 이익을 변호하는데 이용되었기 때문이다.

후원자와 피후원자의 연결고리 속에서 은혜를 베푼 후원자가 피후원자로부터 상응하는 충성이나 보상을 받지 못했다고 생각했을 때, 후원자는 자신의 힘을 과시할 뿐 아니라 자신의 이익을 확보하기 위해서 종종 피후원자를 고소했다. 이러한 상황에서 교회 내에서 고소하는 일이 발생했다는 것은 무엇을 뜻하는가? 그것은 교회 안에 후원자와 피후원자의 관계가 형성되었다는 사실을 의미하는 것이 아닌가?

후원자와 피후원자와 같은 수직적인 위계질서는 바울이 가장 비판하는 세상 질서이다. 바울이 약한 자들을 위해서 자신의 자유를 유보하고 여러 사람들을 얻기 위해서 자신의 모습을 바꿀 수 있었던 것은, 하나님 안에서 모든 사람은 같다고 생각했기 때문이다. 각각의 사람들 사이에 인종적, 성적, 사회적, 종교적 등등의 다름은 있을 수 있다. 그러나 그들이 모두 하나님의 피조물이며 그리스도가 그들 한 사람 한 사람을 위하여 죽으셨다는 점에서, 그러한 차이가 차별로 이어지는 것을 바울은 강력하게 비판한다.

그것이 '믿음으로 말미암은 구원'의 핵심인 것이다. '믿음으로 말미암은 구원'은 하나님 앞에서 모든 사람을 같은 조건으로 세워놓는다. 거기에는 수직적인 위계질서가 있을 수 없다. 누가 누구를 지배하거나, 누가 누구에게 종속되거나 하는 것 따위는 존재하지 않는다. 바울이 강조하는 교회의 새로운 질서는 이것이다.

이 마당에, 교회 안에서 고소하는 일이 벌어졌다면, 그것은 교회 안에 힘 있는 사람과 힘없는 사람, 은혜를 베푼 사람과 충성을 바쳐야 하는 사람이 생긴 것이다. 그것은, 바울이 원하지 않는 관계이다. 그러므로 고소를 금하는 바울의 명령은 교회 일을 세상으로 가져가지 말라는 것이 아니라, 세상의 질서가 교회 안의 질서를 구축하지 않도록 하라는 경고이다.

그렇다면, 교회 안과 교회 밖의 이러한 차이를 주도할 수 있는 자는 누구인가? 새로운 질서를 만들고 그것을 유지하는 데 가장 중요한 것은 지도자이다. 그러므로 바울은 지도자 때문에 문제가 일어난 고린도교회에서, 지도자의 문제를 통해서 교회의 새로운 질서가 무엇이고 그것이 어떻게 유지될 수 있는지를 보여 준다.

고린도교회를 거쳐 간 여러 지도자들 때문에 고린도교회는 여러 파당으로 나누어졌다. 지도자들을 따라 사람들은 자신들을 각각 아볼로파 혹은 게바파, 바울파, 그리스도파로 불렀다. 이에 대해서 바울은, "아볼로는 무엇이며 바울은 무엇이뇨? 저희는 주께서 각각 주신 대로 너희로 하여금 믿게 한 사역자들이니라. 나는 심었고 아볼로는 물을 주었으되 오직 하나님은 자라나게 하셨다(고전 3:5-6)"고 말한다.

여러 지도자들 사이에 끊임없이 우열을 가리고자 하는 사람들에게, 지도자들의 관계가 힘의 많고 적음, 지위의 높고 낮음에 있지 않다고 강조하는 것이다. 지도자들은 각각 자신들이 맡은 일이 다를 뿐이다. '누가 더 중요한가?' '누가 더 높이 있는가?' 하는 호기심은 위계질서에 익숙한 인간의 천박한 잣대에서 나오는 것이다. 이러한 관심이 주요하게 되는 순간, 공동체는 깨어질 수밖에 없다. 언제나 누군가는 높은 자리를 차지하기 위해서 온갖 방법을 가리지 않기 때문이다.

그러므로 바울은 지도자들 사이의 관계뿐 아니라 지도자와 공동체 구성원들 사이의 관계도 언급함으로써 교회가 세상과 어떻게 다른지를 분명히 확인해 준다. 바울은, "그런즉 누구든지 사람을 자랑하지 말라. 만물이 다 너희 것임이라. 바울이나 아볼로나 게바나 세계나 생명이나 사망이나 지금 것이나 장래 것이나 다 너희의 것이요 너희는 그리스도의 것이요 그리스도는 하나님의 것이니라(고전 3:21-23)"고 천명한다. 고린도교회 사람들이 '고린도교회 사람들-지도자들-그리스도-하나님'이라고 생각한 위계질서를 바울은, '지도자들-고린도교회 사람들-그리스도-하나님'으로 바꾸어 놓는다.

교회의 구성원들이 지도자들에게 속한 것이 아니라, 지도자들이 그들에게 속했다는 역전(逆轉)된 사고인 것이다. 지도자들뿐 아니라 세상 만물과 모든 일들조차도 '너희들', 즉 고린도교회의 한 사람 한 사람에게 쥐어 있다. 마치 후원자 제도의 피라미드를 거꾸로 놓은 듯한 이러한 구조는 하나님의 이름으로 모인 교회의 새로움과 기존질서의 불의를 적나라하게 드러내준다. 그러므로 '낮아짐'에 대한 인식의 변화 없이 그리스도인이라고 불리는 것은, 바울에게 있어서 불가능하다.

다시 살아나다

바울: 당신은 정말 끔찍한 존재입니다. 도대체 왜 그렇게 세상에 악을 가져오지 못해서 안달입니까?

조커[10]: 제가 끔찍한 이유를 모르시는 건가요? 제가 끔찍한 이유는, 이유가 없기 때문입니다. 아~무 이유 없습니다. 세상, 뭐 있습니까? 저는 그냥 세상이 몰락하기만 바랄 뿐입니다. 제가 이렇게 이유 없이 막 나가니 사람들이 저를 무서워하더군요. 저는 그게 그렇게 재미있을 수가 없고요. 게다가 저를 잡겠다고 목숨 거는 사람이 여기저기서 나서는 꼴이라니! 영웅? 영웅이 어디 있습니까? 누가 영웅을 필요로 하기나 한답니까?

바울: 정말 막무가내군요. 영웅은 필요하지 않을 수 있겠

죠. 그러나 선(善)은 필요합니다. 선에 대한 의지는 필요하지요. 아무리 선과 악을 구분할 수 없다고 하더라도, 무엇이 선인가를 묻는 것을 멈출 수는 없습니다.

조커: 당신은 역시 선인(善人)다운 말을 하시네요. 악당과 맞서는 정의의 사도가 언제라도 악당이 되는 것은 영화 속 일이 아닙니다. 그것은 오히려 현실입니다. 선과 악을 물어서 무엇을 하시게요?

바울이 이처럼 낮아짐을 강조하는 것은 무엇 때문인가? 그것은 이 낮아짐이 예수 그리스도의 방식이기 때문이다. 예수 그리스도에 대한 바울의 이해의 출발점은 '우리를 위한 예수의 죽음'이다. 초대교회에서 매우 이른 시기부터 사용되었던 찬가를 인용해서 바울은, 예수가 근본적으로 하나님과 동등한 위치에 있었음을 강조한다. 그러나 예수는 스스로 하나님과의 이 동등함을 버렸다. 바울이 예수를 그리스도로 고백하는 근저에는 이처럼 '사람이 된' 예수에 대한 이해가 있다. 예수의 본질을 생각할 때, 성육(成肉)은 예수의 낮아짐의 상징이며 예수가 그리스도가 되는 방식이다. 그러나 바울의 강조점은, 예수가 단순히 인간이 되었다는 데 있지 않다. 예수는 사람이 되었을 뿐 아니라, 죽음이라는 고난의 길을 갔다. 그 죽음은 헬라인들에게나 유대인들에게나 모두 다 저주스러운 죽음인 '십자가'에서의 죽음이었다.

십자가는 예수의 낮아짐의 극치를 보여 준다. 더 이상 내려갈 곳이 없는 지점이며, 더 이상 버려질 것이 없는 지점이다. 바울에게 있어서 예수의 모든 사건은 이 십자가로부터 시작된다. 그러므로 바울이 '예수를 따른다'고 할 때, 그것은 '예수가 갔던 십자가의 길을 따른다'는 의미이다. 십자가는, 멸망하는 자들에게는 미련한 것이지만 구원을 얻는 자들에게는 하나님의 능력이기 때문이다(고전 1:18).

바울은 십자가와 예수 그리스도를 분리시켜서 생각하지 않으며 예수의 모든 능력이 바로 이 십자가로부터 나오는 것임을 선언한다. 그러므로 바울이, 예수를 따르는 자들에게는 "유대인이나 헬라인이나 그리스도는 하나님의 능력이요 하나님의 지혜니라(고전 1:24)"고 이야기할 때, 하나님의 능력이며 지혜는 곧 십자가인 것이다.

바울이 이처럼 십자가에 집중하는 것은, 십자가에서 예수의 죽음은 새로운 삶을 위한 또 다른 출발점이 되었기 때문이다. 유대인들에게 십자가에서의 죽음은 하나님의 저주를 상징했다. 하나님의 저주란, 그 대상을 회복불능 상태로 만드는 것이다. 또한 로마의 정치범들에게 사용되었던 십자가형은 로마에 불복하는 사람들에게 내려지는 극형이었다. 특히 로마는 자신들의 권세를 과시하기 위해서 십자가형을 받은 사람을 며칠이 지나도록 치우지 않은 채 내버려 두었다. 사람들로 하여금 그들의 처참한 죽음을 목도하며 로마의 힘을 실감할 수 있도록 하기 위해서였다.

그러므로 '그' 십자가에서 예수가 무력하게도 하나님에게

버림받은 자처럼 죽었을 때, 어떠한 전통이나 관습에 비추어 보아도 예수의 멸망은 자명한 것이었다. 그러나 예수의 삶은 그로부터 시작되었다. 그곳에서 하나님의 다시 살리심이 일어났기 때문이다. '예수는 죽고 하나님은 살린다'는 바울의 구조는, 예수의 죽음 속에 있는 십자가와 부활의 신학적 의미를 드러낸다.

결국 예수의 부활은 유대인들과 헬라인들의 능력과 지혜를 뒤엎은 사건이다. 그것은, 그들이 만들어 낸 질서의 불의를 폭로하는 사건이다. 그들이 승리하지 않았다는 것을 보여 주는 사건이다. 예수의 부활은, 하나님의 방식으로 승리한다는 것이 무엇인지를 보여 준다. 하나님은 무력(武力)에 의한 승리를 원하지 않는다. 이 때문에, 각종 다양한 '힘'이 모든 승리의 원천이라고 생각하는 사람들에게 '죽음으로부터의 부활'은 이길 수 있는 새로운 방식을 이야기한다.

이것은, 바울이 그리스도교 공동체에게 새로운 질서를 강조하는 이유이기도 하다. 그리스도교를 배태시켰던 예수의 방식 자체가 전적으로 새로운 것이었기 때문에, 그로부터 새로운 질서가 나오는 것은 당연한 일이다. 그러므로 자신을 위해서 권력과 힘을 쌓아 놓는 자들을 부끄럽게 만드는 예수의 십자가는, 바울 복음의 핵심에 자리 잡는다.

십자가에 대한 이러한 이해는 확실히 바울의 역사 이해와 연관되어 있다. 유대인으로서 바울은, 당시에 만연했던 묵시문학적 종말론적 역사 이해를 갖고 있었다. 이 역사 이해는 이스라엘이 고난 중에 있을 때 역사에 대한 하나님의 주권을 확신하면서 생성되었다. 유대인들은, 역사가 아무리 악해 보일지라도 궁극적으로 하나님이 승리한다는 믿음을 가지고 고난의 역사를 헤쳐 나왔다. 그러므로 유대인들의 역사 인식 속에서 선과 악은 매우 분명하게 구분이 되어 있다. 현재는 악한 역사이며 이것이 끝나면 하나님의 선한 역사가 도래할 것이기 때문에, 악은 현재이며 선은 미래이다.

그러나 그리스도교는 유대인들이 기다리던 선한 미래가 예수를 통해서 현재에 이미 이루어졌다고 선언한다. '예수'를 '그리스도'로 고백하는 것은 이것을 뜻한다. 그리스도교는 예수가 이미 새로운 시대, 하나님이 승리하는 시대를 가져왔다고 선언한다. 예수가 하나님의 승리를 가져왔다는 것을 확증해 주는 것이 부활이다. 부활은 예수의 죽음이 실패가 아니라는 것, 그것이 악이 아니라는 것을 보여 준다. 부활은 악한 세상에 들어와 있는 하나님의 선한 의지와 그것의 실현을 드러내는 것이다.

그러므로 그리스도교의 역사 이해는 악과 선이 분명하게 구분되어 있지 않다. 현시대 속에는 악한 역사와 하나님의 선한 역사가 혼재해 있다. 그리스도인의 과제라고 한다면, 이러한 역사 속에서 하나님의 선한 뜻이 어떻게 이루어지는지를 인식하는 것이다. 무엇이 하나님의 목적인지를 찾아가는 것이다. 그것은, 언제나 쉽지 않은 일이지만 매우 중요한 일이다. 악과 선이 섞여 있는 곳에서, 그것을 가려내지 못하면 바울이 강조하는 새로운 질서를 실현할 수 없기 때문이다. 어렵지만 중요한 이 일을 끝까지 할 수 있는 것은, 궁극적으로 하나님의 방법과 하나님의 목적이 승리할 것이라는 확신과 책임감이다. '하나님이 역사를 주관하신다'는 이해는 모든 것이 하나님 마음대로 정해져 있다는 것을 의미하지 않는다. 이것을 바울은 유대인의 구원이라는 주제를 가지고 씨름했다.

유대인들은 하나님의 백성으로 부름 받은 오랜 역사를 가지고 있었다. 그러나 예수 그리스도를 거부하였고 심지어 그를 죽이기까지 하였다. 그렇다면 하나님의 구원사 속에서 유대인들은 어떻게 되겠는가? 그들은 이미 구원에서 버려진 자들이 아닌가? 유대인들이 하나님의 구원에서 배제되었다는 것은 한편으로 난감한 일이다. 그것은 하나님의 신실성을 훼손하기 때문이다. 하나님이 자신의 마음대로 선택했다가 잘못되면 언제든지 버릴 수 있다면, 하나님에 대한 신뢰를 지속시키는 것은 불가능하다.

이 문제에 대해서, 바울은 하나님이 주관하는 역사의 틀을 제시한다. 유대인들이 예수를 거부해서 구원의 방향이 이방인에게 갔다고 하더라도, 그것이 구원사 속에서 유대인을 전적으로 배제하지 않는다는 것이다. 유대인의 거부는 이방인을 구원사에 편입시키는 계기가 되었고, 이제 이방인이 구원사에 들어온 것이 유대인을 자극하여 그들도 역시 구원의 역사 속으로 들어올 것이기 때문이다.

이는, 하나님이 구원을 받을 수 없도록 경계를 정하고 금지한 누구도 없다는 것을 의미한다. 하나님은 자신이 창조한 세계 속에 있는 모든 것들이, 세상 만물까지도, 구원받기를 원한다. 그런데 하물며 유대인을 구원에서 빼 버리는 것은 있을 수 없다. 그러나 바울의 이러한 이해에서 더욱 중요한 것은, "저희(유대인들)의 넘어짐이 세상의 부요함이 되며 저희의 실패가 이방인의 부요함이 되거든 하물며 저희의 충만함이리요(롬 11:12)"라는 바울의 지적이다.

바울은, 유대인의 거부로 복음이 이방인에게 넘어갔고 그것이 구원을 풍요롭게 했지만, 유대인이 복음을 받아들였더라도 이방인은 충분히 구원을 받았을 것이라고 믿는다. 거부로 인해서 이러한 부요함이 생겼다면, 유대인이 실패하지 않았더라면 그 풍성함은 더 말할 필요가 없을 것이기 때문이다. 바울에게 있어서, 역사 속에서 하나님의 승리는 확실하다. 어떠한 고난이 있더라도 그렇다.

그러나 그렇다고 해서 역사가 어떤 형태로 정해져 있는 것은 아니다. 어떠한 역사를 만들어 가느냐, 역사에 어떻게 참여하느냐, 하는 것은 또한 전적으로 인간의 몫이다. 인간은 이 역사 속에서 자신의 역할에 대한 분명한 책임이 있다. 역사가 어떤 궁극점을 지향하고 있다고 하더라도, 어떤 이의 잘못은 역사를 더욱 고통스러운 방향으로 이끌기도 하며 어떤 이의 탁월한 선택은 역사를 보다 더 안전하게 이끌기도 한다. 한 사람의 행동은 자기 개인에게만 결과를 미치는 것이 아니라 그가 속한 역사 전체와 관계하며 역사의 굴곡들을 만들어 나갈

수 있기 때문이다. 그러므로 누구도 역사 속에서 그 책임을 회피할 수 없다.

바울은 하나님의 역사에 대한 새로운 해석을 통해서, 자신이 당면한 이방인과 유대인의 갈등을 극복하고 하나님의 역사를 확장시킴으로써, 자신의 역사적 책무를 훌륭하게 이루어 냈다. 더욱이 그것을 새로운 방식으로 해낸 사람이다. 바울은 스스로 "내가 그리스도를 위하여 약한 것들과 능욕과 궁핍과 핍박과 곤란을 기뻐하노니 이는 내가 약할 그때가 곧 강함이니라(고후 12:10)"고 고백한다.

바울은 자신이 강한 힘을 가지고 있을 때, 역사적 사명을 완수할 수 있다고 생각하지 않았다. 역사를 이루는 것은 무력적이거나 물리적인 힘이 아니기 때문이다. 바울은 예수의 십자가와 하나님의 다시 살리심을 통해서 이를 확증했으며, 또한 자신의 약함을 통해서 하나님의 동일한 방법을 통찰했다.

'강함'만이 살아남을 수 있다는 것을 강조하는 세상 속에서, 로마제국의 '강함'이 어떠한지 눈으로 본 바울에게서, 이러한 고백은 바울의 방법이 세상의 방법과 다르다는 것을 극명하게 드러내 준다. 그것은, 약하고 보잘 것 없는 실패자의 고백이 아니라, 역사의 움직임을 꿰뚫고 새로운 역사를 준비하는 한 혜안자의 선물이다.

무엇이 바울의 얼굴인가?

스피노자[11]: 인간의 본성은 같습니다. 인간은 누구나 자신을 보존시키려고 노력하죠.

바울: 당신은 그것을 코나투스라고 부르죠? 모든 사람들이 그 코나투스를 갖고 있기 때문에, 인간 세상은 이성적이 되기 힘들다는 거죠?

스피노자: 네, 맞습니다. 그래서 제가 국가의 필요성을 강조했지요. 국가는, 특히 이성적인 국가는 법을 통해서 국가에 속한 모든 사람들이 자신들의 코나투스를 최대한 확장할 수 있도록 해야 합니다. 그것이 좋은 국가이지요.

바울: 모든 사람들이 각자 자기의 코나투스를 실현한다! 참 이상적이군요. 그것을 이루기 위해서 당신이 어떠한 절

대권력도 용인하지 않은 것은 훌륭한 방안입니다. 그러나 탐욕스럽고 정념에 잘도 이끌리는 인간이, 모든 사람이 자신을 실현할 수 있도록 할 수 있을지……. 그렇게만 된다면 더 이상 바랄 것이 없을 텐데요.

빛의 화가로 유명한 17세기 네덜란드 화가 렘브란트는, 40여 년간 100여 점(어떤 이들은 60여 점)의 자화상을 그렸다. 그중에는 '사도 바울로 분한 자화상'도 있다. 종종, 신화 속 인물로 변한 모습이나 혹은 화려한 옷을 입은 모습, 고뇌하거나 조롱하는 듯한 웃음을 짓고 있는 모습 등, 자신의 얼굴과 풍모를 변화무쌍하게 그린 렘브란트이다.

그러나 바울로 분한 렘브란트의 모습을 볼 적마다, '왜 바울일까?'를 묻게 된다. 바울로 분한 렘브란트의 얼굴 속에 담긴 것은 바울일까? 렘브란트일까? 저 그림 어디쯤에 바울이 있는 것일까? 그림 속 렘브란트의 얼굴에는 풍상을 이겨낸 지긋함이 있다. 그러나 그의 눈빛은 매우 또렷하다. 조금 틀어 앉은 자세는 사물들과 거리를 두려는 듯하지만, 초탈한 듯 한 곳을 응시하는 그의 강한 눈빛, 어떤 이가 지적한 것처럼 무엇인가 알려주고 싶은 강력한 메시지를 보내고 있는 것도 같다. 그는 무엇을 말하고 싶은 것일까? 바울은…… 렘브란트는…….

그림 속에서 바울은 렘브란트만큼 나이 들어 있지만, 그의 편지 속에서는 나이를 가늠하기 어려울 정도의 '열심'을 다하며 살아 있다. 그리스도를 만나기 전에 바울은 '율법에 대한 열심'으로 교회를 핍박하였다. 그러나 그리스도를 만난 후에 바울은 '복음에 대한 열심'으로 자신의 역할을 수행하였다. 이 '열심'은, 바울로 하여금 어떠한 역경이라도 견딜 수 있게 했으며 하나님의

사도 바울로 분한 자화상
(렘브란트, 1661)

일꾼으로서의 삶을 살 수 있도록 하였다. 바울을 이토록 강하게 움직이게 한 것은 무엇이었을까?

그것은 어쩌면 새로운 질서에 대한 갈망이었던 듯하다. 그는 유대인이었지만, 유대교의 율법이 하나님의 구원을 완성하지 못한다는 것을 알았다. 인간이 그것을 만족시킬 능력이 없기 때문이다. 거대한 로마의 권세와 로마가 주창하는 평화도 자신이 목도하고 있는 갈등과 대립을 해소시키지 못한다는 것도 알았다.

그러므로 바울은 십자가와 부활에서 새롭게 입증된 하나님의 방법과 능력에 의지하였다. 그것을 통해서 일어나는 새로운 질서가 그에게 익숙한 갈등과 대립을 넘어서는 것을 보았기 때문이다. 그렇다면 바울이 보았던 갈등과 대립은 어디서부터 온 것인가? 그것은 차별과 불평등으로부터 연유한다. 차별과 불평등이 만들어 낸 엄청난 결과에 비하면, 차별과 불평

등은 놀랄 만큼 작은 지점으로부터 시작한다. 그것은 '다름에 대한 거부'이다.

세상의 모든 것은 같지 않다. 그럼에도 불구하고 인간은 그 다름을 인정하지 않는다. 그리고 자신이 갖고 있는 권력으로 힘을 모으고 다름을 배제하며 힘의 피라미드를 만들어 간다. 인간의 역사 속에 만들어진 피라미드 구조의 폐해를 생각하면, 그 처음의 출발점은 확실히 그리 큰 것은 아니다. 타인을 인정하기만 하면 되기 때문이다. 타인보다 위에 있지 않으려 하면 된다. 그러나 인간의 본성상 그것은 무엇보다 어려운 일일 수도 있다.

그러므로 바울은 자신의 삶을 모델로 제시하며 새로운 삶을 지향한다. 그것은 자신과 다른 이들을 받아들이는 것이다. 다른 이들 속에 스며 있는 의미를 발견하는 것이다. 다른 이들을 위해서 자신의 것을 포기하는 것이다. 예수의 십자가에서 모형을 찾은 바울의 삶과 신학은, 이로써 힘이 아닌 것으로 이루어질 수 있는 역사의 새로움에 함께 참여한다.

오늘날 바울을 다시 생각하는 것은 이와 무관하지 않다. 끊임없는 갈등과 대립이 전 지구적 문제임을 누구도 부인할 수 없게 되었다. 종교의 시대에서 정치의 시대, 그리고 이제 문화 혹은 경제의 시대로 옮겨 왔음에도, 갈등과 대립은 모양을 달리하여 지속되고 있다. 경제와 문화의 시대로 접어들었다지만, 종교의 문제가 해결된 것도 아니고 정치의 문제가 해결된 것도 아니며 문제는 더욱 가중되고 있는 형편이다.

더군다나 근대를 넘어서 근대 이후라고 하는 포스트모던 시대가 오고, 보편적이고 객관적인 진리가 거부된 지는 이미 오래되었다. 해묵은 거대담론들이 어느새 우리의 인식에서 사라졌고, 이제는 각각의 그룹들이 자신들의 정체성과 정당성을 주장하고 확보하려는 시대가 되었다. 공공의 선(善)을 주장하는 것은 그야말로 진부하다는 느낌을 지울 수 없게 되었다. 자신의 그룹의 정당성만이 관심의 대상이기 때문이다. 그러니 갈등은 더욱 깊어지고 타인에 대한 무관심은 늘어나고 공동의 선으로 묶으려는 노력은 물거품이 되는 반면, 경제적 이익을 단위로 하나의 거대한 제국이 태어나려는 위험에 직면해 있다.

우리의 이러한 시대적 특징은, 바울의 시대와 어딘지 모르게 많이 닮아 있다. 로마라는 거대제국이 세력을 확장하던 역사의 한가운데에 바울이 있었다. 그는, 많은 식민지 구성원 중 하나의 종족에 속했지만, 헬라세계의 다양성과 포괄성을 경험하면서 함께 산다는 것을 고민했던 사람이었다. 그는, 사람들 사이에 수많은 불평등이 있을 뿐 아니라 문제를 해결하는 방식 또한 불의하다는 것을 인지했던 사람이었다. 그러므로 예수의 복음을 통해서 자신의 세계를 벗어날 수 있었던 바울은, 그것이 자신이 속한 세상에 가져온 변화에 주목했다.

그는, 하나님의 복음의 능력으로 무엇을 해야 하는지 깨달았으며, 하나님의 백성의 모임인 교회를 통해서 그것을 실현시킬 수 있으리라는 믿음을 버리지 않았다. 바울에게 이 모든 것들이 가능했던 것은 하나님의 역사에 대한 희망이었을 것이다. 바울이 경험했던 거대로마의 제국적 힘과는 다른 하나님의 방식이 세상에 진정한 자유와 평화를 가져올 수 있다는 희망이었다.

이 희망 속에서 바울은, 하나님의 역사 속에서 어떤 사람도 소외되지 않는다는 것을 보았다. 소중하지 않은 사람은 아무도 없다는 것을 본 것이다. 하나님 앞에서는 모든 사람은 같다는 것을 본 것이다. 그러므로 그는 예수가 했던 것과 같은 방식으로 소외된 사람들을 찾아가며 그들에게 새로운 삶을 선사한다. 이를 통해서 누군가에 대해서 절대적 권한을 가지고 있던 사람들을 비판하며 누구도 하나님의 절대권을 대신할 수 없음을 강조한다.

그가 '믿음으로 말미암은 구원'을 내세우는 것은 이 때문이다. 그래서 바울은 전복적이다. 그러나 그의 방식은 혁명적이지 않다. 자신과 다른 사람에게 눈과 귀를 열고, 자신을 낮추기 때문이다. 모두가 자기의 정당성을 강조하며 그로 인한 불화가 잦아지지 않는 시절이기에, 한편으로 바울의 해법은 혁명적이라 할 수 있을지도 모르겠지만······.

그러므로 거리를 두고 지긋한 눈길을 보여 주는 렘브란트의 자화상에서처럼, 바울은 우리의 세상에 그렇게 얼굴을 돌리고 묻는 듯하다. 어떤 방식을 택하고 싶으냐고!

주

1) 베드로. 예수의 12제자들 중 하나로, 예수의 대표적 제자이다.
2) 아우구스트 F. 뫼비우스. 독일의 수학자이며 이론천문학자로서, 안과 밖이 연결된 뫼비우스의 띠를 발견하였다.
3) 게오르그 D. 버코프. 20세기 초의 가장 중요한 수학자로 에르고드 정리를 공식화했다.
4) 한나 아렌트. 독일 출신의 정치이론가이며 철학자로서, 전범인 아이히만의 재판 때에 예루살렘에 기자로 참석하였고, 재판에 대한 보고를 『예루살렘의 아이히만』에 기록하였다.
5) 할레드 호세이니. 아프가니스탄의 이야기를 영어로 소설화시킨 소설가로서, 『연을 쫓는 아이들』『천 개의 찬란한 태양』 등을 썼다.
6) 안도현. 대한민국 시인으로서 어른들을 위한 동화인 『연어』, 에세이집인 『관계』 등을 썼다.
7) 제러미 리프킨. 과학과 기술의 발전이 경제, 사회, 환경에 미치는 영향을 광범위하게 연구하고 있으며 종종 미래학자로 분류된다. 지은 책으로는 『노동의 종말』『소유의 종말』『유러피언 드림』 등이 있다.
8) 기욤 뮈소. 프랑스 소설가로 『사랑을 찾아 돌아오다』『사랑하기 때문에』『당신, 거기 있어 줄래요?』 등의 소설이 있다.
9) 알랭 바디우. 파리 8대학 철학과 교수와 파리 고등사범학교 교수를 역임했다. 수많은 철학적 저서 및 역서 외에 바울의 보편주의적 특성을 강조한 『사도 바울』이 있다.
10) 조커. 영화 <다크 나이트>에 나오는 악당으로 요절한 히스 레저가 열연했다.
11) 베네딕트 데 스피노자. 17세기 네덜란드의 철학자로서, 마지막 중세인이며 최초의 근대인이라 불린다. 저서로 『윤리학』『신학-정치론』『정치론』 등이 있다.

바울 차별과 불평등의 장벽을 넘어서

펴낸날	초판 1쇄 2008년 8월 25일
	초판 5쇄 2015년 10월 30일

지은이	김호경
펴낸이	심만수
펴낸곳	(주)살림출판사
출판등록	1989년 11월 1일 제9-210호

주소	경기도 파주시 광인사길 30
전화	031-955-1350 팩스 031-624-1356
기획·편집	031-955-4671
홈페이지	http://www.sallimbooks.com
이메일	book@sallimbooks.com

ISBN	978-89-522-1244-3 04080

※ 값은 뒤표지에 있습니다.
※ 잘못 만들어진 책은 구입하신 서점에서 바꾸어 드립니다.

함께 읽으면 좋은 책

종교 · 신화 · 인류학

384 삼위일체론

eBook

유해무(고려신학대학교 교수)

기독교에서 믿는 하나님은 어떤 존재일까? 성부 하나님과 성자 예수, 그리고 성령이 계시며, 이분들이 한 하나님임을 이야기하는 삼위일체론은 기독교 교회가 믿고 고백하는 핵심 교리다. 신구약 성경에 이 교리가 어떻게 나타나 있으며, 초기 기독교 교회의 예배와 의식에서 어떻게 구현되었고, 2천 년 동안의 교회 역사를 통해 어떤 도전과 변화를 겪으며 정식화되었는지를 일목요연하게 정리했다.

315 달마와 그 제자들

eBook

우봉규(소설가)

동아시아 불교의 특징은 선(禪)이다. 그리고 선 전통의 터를 닦은 이가 달마와 그에서 이어지는 여섯 조사들이다. 이 책은 달마, 혜가, 승찬, 도신, 홍인, 혜능으로 이어지는 선승들의 이야기를 통해 선불교의 기본사상을 이해하도록 돕는다.

041 한국교회의 역사

eBook

서정민(연세대 신학과 교수)

국내 전체인구의 25%를 점하고 있는 기독교. 하지만 우리는 한국 기독교의 역사에 대해서 너무나 무지하다. 이 책은 한국에 기독교가 처음 소개되던 당시의 수용과 갈등의 역사, 일제의 점령과 3 · 1운동 그리고 6 · 25 전쟁 등 굵직굵직한 한국사에서의 기독교의 역할과 저항, 한국 기독교가 분열되고 성장해 왔던 과정 등을 소개한다.

067 현대 신학 이야기

eBook

박만(부산장신대 신학과 교수)

이 책은 현대 신학의 대표적인 학자들과 최근의 신학계의 흐름을 해설한다. 20세기 전반기의 대표적인 신학자인 칼 바르트와 폴 틸리히, 디트리히 본회퍼, 그리고 현대 신학의 중요한 흐름인 해방신학과 과정신학 및 생태계 신학 등이 지닌 의미와 한계가 무엇인지를 친절하게 소개하고 있다.

종교 · 신화 · 인류학

099 아브라함의 종교 유대교|기독교|이슬람교 eBook

공일주(요르단대 현대언어과 교수)

이 책은 유대교, 이슬람교, 기독교가 아브라함이라는 동일한 뿌리에서 갈라져 나왔다는 점에 주목한다. 저자는 이를 추적함으로써 각각의 종교를 그리고 그 종교에서 나온 정치적, 역사적 흐름을 설명한다. 이스라엘과 팔레스타인으로 대변되는 다툼의 중심에는 신이 아브라함에게 그 땅을 주겠다는 약속이 있음을 명쾌하게 밝히고 있다.

221 종교개혁 이야기 eBook

이성덕(배재대 복지신학과 교수)

종교개혁은 단지 교회사적인 사건이 아닌, 유럽의 종교 · 사회 · 정치적 지형도를 바꾸어 놓은 사건이다. 이 책은 16세기 극렬한 투쟁 속에서 생겨난 개신교와 로마 카톨릭 간의 분열을 그 당시 치열한 삶을 살았던 개혁가들의 투쟁을 통해 보여 주고 있다. 마르틴 루터, 츠빙글리, 칼빈으로 이어지는 종파적 대립과 종교전쟁의 역사들이 한 편의 소설처럼 펼쳐진다.

263 기독교의 교파

남병두(침례신학대학교 교수)

하나의 교회가 역사적으로 어떻게 다양한 교파로 발전해왔는지를 한눈에 보여주는 책. 교회의 시작과 이단의 출현, 신앙 논쟁과 이를 둘러싼 갈등 등이 파노라마처럼 펼쳐진다. 사도행전에 나타난 교회의 시작과 이단의 출현에서부터 초기 교회의 분열, 로마가톨릭과 동방정교회의 분열, 16세기 종교개혁을 지나 18세기의 감리교와 성결운동까지 두루 살펴본다.

386 금강경

곽철환(동국대 인도철학과 졸업)

『금강경』은 대한불교조계종이 근본 경전으로 삼는 소의경전(所依經典)이다. 『금강경』의 핵심은 지혜의 완성이다. 즉 마음에 각인된 고착 관념이 허물어져 어디에도 집착하지 않는 상태를 말한다. 이 책은 구마라집의 『금강반야바라밀경』을 저본으로 삼아 해설했으며, 기존 번역의 문제점까지 일일이 지적해 독자들의 이해를 돕고자 했다.

종교 · 신화 · 인류학

013 인도신화의 계보 — eBook

류경희(서울대 강사)

살아 있는 신화의 보고인 인도 신들의 계보와 특성, 신화 속에 담긴 사상과 가치관, 인도인의 세계관을 쉽게 설명한 책. 우주와 인간의 관계에 대한 일원론적 이해, 우주와 인간 삶의 순환적 시간관, 사회와 우주의 유기적 질서체계를 유지하려는 경향과 생태주의적 삶의 태도 등이 소개된다.

309 인도 불교사 붓다에서 암베드카르까지 — eBook

김미숙(동국대 강사)

가우타마 붓다와 그로부터 시작된 인도 불교의 역사를 흥미롭고도 일목요연하게 정리한 책. 붓다가 출가해서, 그를 따르는 무리들이 생겨나고, 붓다가 생애를 마친 후 그 말씀을 보존하기 위해 경전을 만드는 등의 이야기들이 한눈에 들어온다. 또한 최근 인도에서 다시 불고 있는 불교의 바람에 대해 소개한다.

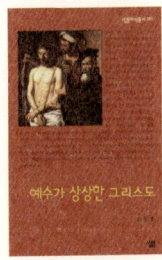

281 예수가 상상한 그리스도

김호경(서울장신대학교 교수)

예수가 그리스도라는 것은 어떤 의미인가? 이 책은 신앙적 고백과 백과사전적 지식 사이에서 현재 예수 그리스도가 가진 의미를 묻고 있다. 저자는 이러한 문제의식을 바탕으로 예수가 보여준 질서와 가치가 우리와 얼마나 다른지, 그를 따르는 것이 왜 우리에게 익숙하지 않은 일인지를 보여주고 있다.

346 왜 그 음식은 먹지 않을까 — eBook

정한진(창원전문대 식품조리과 교수)

세계에는 수많은 금기음식들이 있다. 유대인과 이슬람교도들은 돼지고기를 먹지 않고, 힌두교도의 대부분은 소고기를 먹지 않는다. 개고기 식용에 관해서도 말들이 많다. 그들은 왜 그 음식들을 먹지 않는 것일까? 음식 금기 현상에 접근하는 다양한 방식을 통해 그 유래와 문화적 배경을 살펴보자.

종교·신화·인류학

eBook 표시가 되어있는 도서는 전자책으로 구매가 가능합니다.

- 011 위대한 어머니 여신 | 장영란 eBook
- 012 변신이야기 | 김선자
- 013 인도신화의 계보 | 류경희 eBook
- 014 축제인류학 | 류정아 eBook
- 029 성스러움과 폭력 | 류성민 eBook
- 030 성상 파괴주의와 성상 옹호주의 | 진형준 eBook
- 031 UFO학 | 성시정 eBook
- 040 M. 엘리아데 | 정진홍 eBook
- 041 한국교회의 역사 | 서정민 eBook
- 042 야웨와 바알 | 김남일 eBook
- 066 수도원의 역사 | 최형걸 eBook
- 067 현대 신학 이야기 | 박만 eBook
- 068 요가 | 류경희 eBook
- 099 아브라함의 종교 | 공일주 eBook
- 141 말리노프스키의 문화인류학 | 김용환
- 218 고대 근동의 신화와 종교 | 강성열 eBook
- 219 신비주의 | 금인숙 eBook
- 221 종교개혁 이야기 | 이성덕 eBook
- 257 불교의 선악론 | 안옥선
- 263 기독교의 교파 | 남병두
- 264 플로티노스 | 조규홍
- 265 아우구스티누스 | 박경숙
- 266 안셀무스 | 김영철
- 267 중국 종교의 역사 | 박종우
- 268 인도의 신화와 종교 | 정광흠
- 280 모건의 가족 인류학 | 김용환
- 281 예수가 상상한 그리스도 | 김호경
- 309 인도 불교사 | 김미숙 eBook
- 310 아힌사 | 이정호
- 311 인도의 경전들 | 이재숙 eBook
- 315 달마와 그 제자들 | 우봉규 eBook
- 316 화두와 좌선 | 김호귀 eBook
- 327 원효 | 김원명
- 346 왜 그 음식은 먹지 않을까 | 정한진
- 377 바울 | 김호경 eBook
- 383 페르시아의 종교 | 유흥태
- 384 삼위일체론 | 유해무 eBook
- 386 금강경 | 곽철환
- 452 경허와 그 제자들 | 우봉규 eBook

㈜**살림출판사**
www.sallimbooks.com
주소 경기도 파주시 문발동 522-1 | 전화 031-955-1350 | 팩스 031-955-1355